PADRE JOSÉ MARIA FRUCTUOSO BRAGA

MEDITANDO OS DEZ MANDAMENTOS

EDITORA
SANTUÁRIO

DIRETOR EDITORIAL:
Marcelo C. Araújo

EDITORES:
Avelino Grassi
Márcio F. dos Anjos

COORDENAÇÃO EDITORIAL:
Ana Lúcia de Castro Leite

COPIDESQUE:
Bruna Marzullo

REVISÃO:
Leila Cristina Dinis Fernandes

DIAGRAMAÇÃO:
Alex Luis Siqueira Santos

CAPA:
Bruno Olivoto

Dados Internacionais de Catalogação na Publicação (CIP)
(Câmara Brasileira do Livro, SP, Brasil)

Braga, José Maria Fructuoso
    Meditando os dez mandamentos / José Maria Fructuoso Braga. – Aparecida, SP: Editora Santuário, 2009.

    Bibliografia.
    ISBN 978-85-369-0149-7

    1. Dez Mandamentos 2. Espiritualidade I. Título.

08-11227   CDD-241.52

Índices para catálogo sistemático:

1. Dez Mandamentos: Teologia moral 241.52

3ª impressão

Todos os direitos reservados à EDITORA SANTUÁRIO – 2017

Rua Pe. Claro Monteiro, 342 – 12570-000 – Aparecida-SP
Tel: 12 3104-2000 – Televendas: 0800 - 16 00 04
www.editorasantuario.com.br
vendas@editorasantuario.com.br

Jesus Misericordioso

Jesus, eu confio em vós! Consagro-vos toda a minha vida, consagro-vos este livro.

Maria, Mãe de misericórdia, intercedei por todos nós.

Padre José Maria Fructuoso Braga

Senhor!

Ensinai-me a viver vossos preceitos,
quero guardá-los fielmente até o fim!
Dai-me o saber, e cumprirei vossa lei,
e de todo o coração a guardarei.

Guiai meus passos no caminho que traçastes,
pois só nele encontrei felicidade.
Inclinai meu coração às vossas leis,
e nunca ao dinheiro e à avareza.

Desviai o meu olhar das coisas vãs,
dai-me a vida pelos vossos mandamentos!
Cumpri, Senhor, vossa promessa ao vosso servo,
vossa promessa garantida aos que vos temem.

Livrai-me do insulto que eu receio,
porque vossos julgamentos são suaves.
Como anseio pelos vossos mandamentos!
Dai-me a vida, ó Senhor, porque sois justo!

Salmo 118/119,33-40
Cópia do salmo conforme se encontra
na *Liturgia das Horas*, vol. IV, p. 699,
Hora média, 1ª semana

Apresentação

"Que estas palavras,
que hoje eu lhe ordeno,
estejam em seu coração.
Você as inculcará em seus filhos
e delas falará sentado em sua casa
e andando em seu caminho,
estando deitado e de pé" (Dt 6,6)

Tenho a alegria de escrever algumas palavras sobre a riqueza que é o livro *Meditando os Dez Mandamentos* que Mons. José Maria partilha conosco. Não é apenas mais um material de estudo, é fruto de sua meditação e oração. Contemplando os textos bíblicos, os documentos do magistério da Igreja, somos convidados a mergulhar na riqueza dos Dez Mandamentos à luz dos Evangelhos e de todo o Novo Testamento. Eles nos levam à intimidade com o Senhor e à prática da caridade.

Os Dez Mandamentos não são a imposição arbitrária de um Senhor tirânico. Eles foram escritos na pedra, mas antes de tudo foram impressos no coração do homem como Lei moral universal, válida em todos os tempos e lugares. Hoje, como sempre, as Dez Palavras da Lei fornecem a única base autêntica para a vida dos indivíduos, das sociedades e nações; hoje, como sempre, elas são o único futuro da família humana. Salvam o homem da força destruidora do egoísmo, do ódio e da mentira. Evidenciam todos os falsos bens que o arrastam para a escravidão: o amor de si mesmo até a exclusão de Deus, a avidez do poder e do prazer que subverte a ordem da justiça e degrada a nossa dignidade humana e a do nosso próximo. Se nós nos afastarmos desses falsos ídolos e seguirmos a Deus, que torna livre o seu povo e permanece com ele, então emergiremos como Moisés, depois de quarenta dias na montanha, "resplandecentes de glória"[1], abrasados pela luz de Deus![2]

A vivência dos Dez Mandamentos, segundo Mons. José Maria, faz-nos crescer na vida cristã e pela ação do Espírito nos ilumina e impulsiona a progredir na caridade. Se Jesus os resume em dois – o amor a Deus e aos irmãos –, indica o mestre Jesus que o amor radical a Deus expressa-se no amor aos semelhantes, ao próximo.

Quando lhe perguntam "Qual é o maior mandamento que há na Lei?" (Mt 22,36), Jesus responde: "Amarás o Senhor teu Deus, com todo o teu coração, com toda a tua alma e com toda a tua mente": esse é o maior e primeiro mandamento. O segundo é semelhante a ele: "Amarás o teu próximo como a ti mesmo" (Mt 22,37-40). A estes dois mandamentos está ligada toda a Lei, bem como os Profetas. O Decálogo deve ser interpretado à luz deste duplo e único mandamento da caridade, plenitude da Lei.

De fato, "não cometerás adultério", "não matarás", "não furtarás", "não cobiçarás", bem como qualquer outro mandamento,

---

[1] Nissa, São Gregório de. *Vida de Moisés*, II, 230.
[2] Homilia de João Paulo II na missa Celebrada no Mosteiro de Santa Catarina, em 26 de fevereiro de 2000, na Peregrinação Jubilar ao Monte Sinai.

estão resumidos numa só frase: "Amarás o teu próximo como a ti mesmo". O amor não faz mal ao próximo. Assim, é no amor que está o pleno cumprimento da Lei (Rm 13,9-10).[3]

Acredito que este livro nos ajudará a colocar em nossas vidas os preceitos dos Dez Mandamentos como um caminho seguro para chegar até Deus.

Obrigado, Monsenhor José Maria, porque na juventude de seus belos 89 anos continua com o mesmo ardor e dinamismo missionário dos primeiros anos de seu sacerdócio, dedicando cada minuto de sua vida à evangelização do Povo de Deus.

Dom José Luiz Ferreira Salles, C.Ss.R.
Bispo Auxiliar de Fortaleza, CE

---

[3] Cf. *Catecismo da Igreja Católica*, n. 2055.

Prólogo

Encontramos referência explícita aos dez mandamentos em Êxodo 20,17 e em Deuteronômio 5,6-21.

Assim se pode expressar como o faz o *Catecismo da Igreja Católica* ao tratar dos Dez Mandamentos.

1º – Amar a Deus sobre todas as coisas.
2º – Não tomar seu Santo Nome em vão.
3º – Guardar domingos e festas de guarda.
4º – Honrar pai e mãe.
5º – Não matar.
6º – Não pecar contra a castidade.
7º – Não furtar.
8º – Não levantar falso testemunho.
9º – Não desejar a mulher do próximo.
10º – Não cobiçar as coisas alheias.

Usa-se o termo *decálogo*, que quer dizer "dez palavras" (Êx 34,28; Dt 4,13; 10,4), para significar os "Dez Mandamentos".

Introdução

Há vários anos eu me tornara colaborador assíduo da revista Unidade, que, nesta Diocese de São Carlos, tem por finalidade favorecer a união de todos os membros desta Igreja Particular. Depois de uma série de artigos que tinha publicado, foi-me solicitado que escolhesse um tema cujo desenvolvimento desse continuidade ao assunto. E escolhi tratar dos dez mandamentos.

Sempre aprendi e acreditei que os mandamentos são as estipulações da Aliança que Deus fez com Israel e quer realizar com todos os povos. Essa Aliança foi renovada e aperfeiçoada por Jesus Cristo. Para entender um pouco esta disposição divina de nos salvar em Jesus Cristo, numa profunda Aliança com os que nele acreditam, basta lembrar as palavras da Instituição da Eucaristia.

Enquanto ceavam, ele tomou o pão, deu graças e o partiu e deu aos seus discípulos, dizendo: "Tomai e comei, todos vós: isto é o meu corpo que é dado por vós". Do mesmo modo, ele tomou em suas mãos o cálice com vinho, deu graças novamente e o deu a seus discípulos, dizendo: "Tomai e bebei, todos vós: este é o cálice do meu sangue, o sangue da nova e eterna aliança, que é derramado por vós e por todos os homens para o perdão dos pecados.

Fazei isto para celebrar a minha memória".[4] O clima que envolve a última ceia é, sobretudo, o do Novo Mandamento. Lemos no Evangelho de São João: "Quando (Judas) saiu (do cenáculo), Jesus disse: 'Eu vos dou um novo mandamento: Amai-vos uns aos outros, assim como eu vos amei: amai-vos assim uns aos outros. Nisso conhecerão todos que sois meus discípulos, se tiverdes amor uns pelos outros' (Jo 13,34-35). Convém a todos nós ler e meditar muitas vezes a Primeira Carta de São João, capítulo 4, a partir do versículo 7: "Queridos, amemo-nos uns aos outros, pois o amor vem de Deus; todo aquele que ama é filho de Deus e conhece a Deus. Quem não ama, não conhece a Deus, já que *deus é amor*" (v. 7-8). Queridos, "se Deus nos amou tanto, nós também devemos amar-nos uns aos outros" (1Jo 4,11). "Quem conserva e guarda meus mandamentos, este me ama. E quem me ama será amado por meu Pai, e eu o amarei e me manifestarei a ele" (Jo 14,21).

Recordemos ainda estas palavras de Jesus: "Se me amais, guardai meus mandamentos" (Jo 14,15). "Quem me ama será amado por meu Pai, e eu o amarei e me manifestarei a ele" (Jo 14,21b). Lembremos ainda o que nos conta o evangelista Lucas a respeito do bom samaritano e a consequência para todos nós da resposta de Jesus ao jurista que o interrogara.

> Nisso um jurista se levantou e, para pô-lo à prova, perguntou: "Mestre, que devo fazer para herdar a vida?". Respondeu-lhe: "O que está escrito na Lei? O que é que lês?". Replicou: "Amarás o Senhor teu Deus de todo o coração, com toda tua alma, com toda a mente, e ao próximo como a ti mesmo". Respondeu-lhe: "Respondeste corretamente: faze o mesmo e viverás". Ele, querendo justificar-se, perguntou a Jesus: "E quem é meu próximo?". Jesus respondeu: "Um homem descia de Jerusalém para Jericó. Caiu nas mãos de assaltantes que lhe tiraram a roupa, o cobriram de

---

[4] Cf. 1ª Oração Eucarística; cf. também Mt 26,17-30; Mc 14,12-26; Lc 22,7-23.

golpes, deixando-o semimorto. Coincidiu que descia por esse caminho um sacerdote e, ao vê-lo, passou longe. O mesmo fez o levita: chegou ao lugar, viu-o e passou longe. Um samaritano que ia de viagem viu-o e compadeceu-se. Pôs azeite e vinho nas feridas e as atou. A seguir, montando-o em sua cavalgadura, conduziu-o a uma pousada e cuidou dele. No dia seguinte, tirou dois denários, deu-os ao dono da pousada e lhe recomendou: 'Cuida dele e o que gastares eu te pagarei na volta'. Qual dos três te parece que se comportou como próximo daquele que caiu nas mãos dos assaltantes?". Respondeu: "Aquele que o tratou com misericórdia". E Jesus lhe disse: "Vai e faze tu o mesmo".

Os dez mandamentos havemos de entender e pôr em prática à luz do Evangelho e de todo o Novo Testamento: E, à medida que caminhamos na vida cristã, o Espírito Santo nos ilumina e impulsiona a progredir na caridade. Cada um de nós no estado de vida que assumiu. Demos atenção ao que nos diz o Catecismo da Igreja Católica:

> A Nova Lei é denominada também *Lei do Amor,* porque ela nos leva a agir pelo amor infundido pelo Espírito Santo e não pelo temor; uma *Lei da Graça,* por nos conferir a força da graça para agir também pela força da fé e dos sacramentos; uma *lei da liberdade,* que nos liberta das observâncias rituais e jurídicas da antiga Lei, inclina-nos a agir espontaneamente sob o impulso da caridade e, enfim, nos faz passar do estado de servo, "que não sabe o que o senhor faz", para o de amigo de Cristo, "porque tudo o que eu ouvi de meu Pai eu vos dei a conhecer" (Jo 15,15), ou ainda para o de filho herdeiro.[5]

---

[5] *Catecismo da Igreja Católica,* n. 1972, cf. Tg 1,25; 2,12; e ainda Gl 4,1-7. 21-31; Rm 8,15.

Primeira Parte

Os Dez Mandamentos nas Sagradas Escrituras

1
Os Dez Mandamentos

O DECÁLOGO E A LIBERTAÇÃO

Os Dez Mandamentos ou Decálogo não são algo superado, mas constituem uma referência e exigência para o homem ser verdadeiramente *humano* e para o cristão ser autenticamente *cristão*. Quando se olha para o seu contexto histórico em Êxodo 20,2-17 e Deuteronômio 5,6-21, percebe-se a ligação do Decálogo com a ação libertadora de Javé: "Eu sou Javé, teu Deus, que te fiz sair da casa da escravidão" (Êx 20,2); "Eu sou Javé, teu Deus, que te tirou da terra do Egito, da casa da escravidão" (Dt 5,6). Os mandamentos constituem as estipulações que Deus colocou para o seu povo cultivar a liberdade que ele, o Senhor, concedeu, formando uma sociedade centrada no conhecimento do Deus vivo – o Deus único e verdadeiro –, e no respeito aos direitos que tem cada ser humano. Segundo o biblista, Frei Carlos Mesters, os Dez Mandamentos "expressam de maneira concreta, concisa e didática a vontade de Deus para o povo se organizar como irmãos, sinal de Deus no mundo".[6]

---
[6] MESTERS, Frei Carlos. *Os Dez Mandamentos, Ferramenta da Comunidade*, em "Vida Pastoral", suplemento IV, 26, cf. Apresentação da obra.

Assim o Decálogo está a serviço da libertação pessoal e social, sendo um instrumento indispensável para constituir, defender e desenvolver a comunidade.

O Decálogo e a vida

Os Dez Mandamentos são ainda em favor da vida, para cultivá-la e defendê-la. Levam-nos a adorar o Deus da Vida, e no centro da verdadeira adoração ao verdadeiro Deus está a vida.

> A comunidade que adora o verdadeiro Deus respeita a vida. Qualquer sistema que aborta as expressões de vida de um povo, porque tem em suas mãos o poder, é um sistema idólatra, que provoca o círculo infernal da violência.[7]

A vida se expande na família e na pequena comunidade: "não cometerás adultério"; "honra teu pai e tua mãe". A vida requer espaço próprio, e surge a propriedade: "não roubarás"; tem lugar o trabalho e o descanso: "observarás o dia do sábado para santificá-lo". A vida exige a veracidade nos relacionamentos: "não apresentarás um falso testemunho contra o próximo". Consequentemente, nunca se usará em vão o nome de Deus, muito menos num falso testemunho. A vida do próximo se respeita ainda pelo autodomínio quanto à cobiça dos bens do próximo, inclusive da mulher do próximo (Êx 20,17; Dt 5,21).

---

[7] Balancin, Euclides M. *Decálogo: educação para a libertação e a vida*, em "Vida Pastoral", n. 103, p. 3.

O Decálogo e a aliança

Na perspectiva da Aliança é que são colocados os Dez Mandamentos para o Povo de Deus no Antigo Testamento. E na perspectiva da Nova Aliança serão entendidos no Novo Testamento. A palavra Aliança, na perspectiva religiosa, é comunhão com Deus, consciente de que Ele amou primeiro e espera nossa resposta de fidelidade. Corresponde ao termo "berit" (hebraico), usado para designar um pacto entre duas pessoas, duas tribos, dois povos, num compromisso de proteção mútua ou, quando uma parte era superior à outra, de proteção da mais forte com vassalagem da outra parte. O pacto era confirmado com um ritual e/ou com um memorial. No Antigo Testamento, a Aliança é sobretudo a realizada no monte Sinai: Deus escolhe Israel como seu povo e põe cláusulas a observar: a de ter Javé como único Deus e só a ele servir. Implica a salvação, com a libertação do Egito, terra da escravidão. Tem referência à Aliança – promessa feita a Noé, particularizada com Abraão e outros patriarcas. É renovada em Siquém com Josué e em outras ocasiões. Quebrada por Israel, Deus promete uma Nova Aliança, em Jeremias e Ezequiel. O "Servo de Javé" será agente da Nova Aliança, que se foi entendendo universalizada. No Novo Testamento, pela morte de Jesus e sua ressurreição, a Nova Aliança em forma de Novo "Testamento" é realizada e plenificada. Os textos referentes à instituição da Eucaristia mostram a relação entre o "sangue derramado" por Jesus e a Nova Aliança. E a Eucaristia se torna presença sacramental dessa Nova Aliança.

Conclusão

É no clima da Aliança que entendemos os Dez Mandamentos no Antigo Testamento e o novo mandamento de Cristo no

Novo Testamento. Pretendemos refletir, em artigos sucessivos, em primeiro lugar, sobre o novo mandamento de Cristo à luz da Nova Aliança. Em seguida, sobre o decálogo (Dez Mandamentos) como estipulações da Antiga Aliança, porém entendendo a Antiga Aliança e o decálogo à luz da Nova Aliança.

Em nossos dias precisamos muito da verdadeira libertação e liberdade; da vida respeitada e da Aliança, comunhão com Deus e comunhão fraterna vivenciada.

2
Os Dez Mandamentos nos sinóticos

Antes de examinar cada preceito do Decálogo, iremos considerar os mandamentos no Novo Testamento, iniciando, neste artigo, pelos *evangelhos sinóticos*. À luz dos sinóticos – Mateus, Marcos e Lucas –, cada um dos quais apresenta uma *sinopse* ou um resumo da vida e dos ensinamentos de Jesus e o mistério de sua morte e ressurreição, falamos de dois mandamentos. O primeiro é "amar a Deus sobre todas as coisas", e o segundo, "amar ao próximo como a si mesmo" (Mt 22,36-40; Mc 12,28-34; Lc 10,23-37).

NO EVANGELHO DE MATEUS (22,36-40)

Um fariseu interrogara Jesus: "Mestre, qual é o maior mandamento da Lei?". Responde: *"Amarás o Senhor teu Deus de todo o coração, com toda a tua alma e com toda a tua mente*. Este é o preceito mais importante; porém o segundo é equivalente: *Amarás o próximo como a ti mesmo*. Esses dois preceitos sustentam a lei inteira e os profetas". Jesus está integrando os dois amores – o de Deus e o do próximo – como seu ensinamento fundamental. Os fariseus admitiam 613 preceitos na lei, dos quais 365 eram proibições. Jesus reduz tudo isso ao duplo mandamento do amor, a partir do qual se há de interpretar as outras exigências propostas pela Lei Mosaica.[8]

1. *O modelo do amor é o próprio Jesus.* Ele faz, em tudo, o que o Pai deseja: "Não se faça a minha vontade, mas sim a tua" (Mt 26,39c), reza no Horto das Oliveiras. Nas tentações que sofreu após 40 dias de jejum e orações no deserto, Jesus – amando ao Pai "de todo o coração, com toda a alma e com toda a mente" – repele todas elas (Mt 4,1-11). À tentação de transformar as pedras em pães e assim satisfazer a fome que sentia após 40 dias de jejum, ele retruca: "Não só de pão vive o homem, mas de toda palavra que sai da boca de Deus". À tentação de se mostrar ostensivamente saltando do pináculo do templo para baixo, ele responde: "Não tentarás o Senhor, teu Deus". À tentação de possuir todos os reinos do mundo, desde que, prostrado, adore o satânico tentador, declara: "Ao Senhor teu Deus adorarás e só a ele prestarás culto". "Com isso o diabo o deixou, e os anjos de Deus se aproximaram e puseram-se a servi-lo" (Mt 4,11).

2. *O amor de Deus é adesão ao Senhor*, que tem como consequência a ruptura com tudo o que contraria esse amor. *Assim fez Jesus durante toda a sua vida terrena.* "Seja feita a tua vontade" (Mt 6,10), ensina-nos ele a orar ao Pai. "Para entrar no reino de Deus, é preciso cumprir a vontade de meu Pai do céu", também ensina Jesus (Mt 7,21). Ele tanto ama o Pai que afirma: "Quem cumprir a vontade de meu Pai do céu, esse é meu irmão, minha irmã e minha mãe" (Mt 12,50). Por isso se preocupa com a ovelha perdida e afirma como que indicando a sua própria missão: "Do mesmo modo, vosso Pai do céu não quer que se perca sequer um desses pequenos" (Mt 18,14). No evangelho de João, que ainda não en-

---

[8] Cf. SCHÖKEL, L. A. *Bíblia do Peregrino – Novo Testamento*, nota a Mt 22,34-40, Ed. Paulus.

tra nesta reflexão, várias vezes Jesus fala da vontade do Pai com a qual se identifica. É o amor ao Pai que leva o Filho a procurar, em tudo, realizar sua vontade. Olhando para Jesus e querendo segui-lo como discípulos, também amamos a Deus – Pai, Filho e Espírito Santo – e nos propomos, em amor, a fazer a sua vontade. Sem isso não existe o verdadeiro amor de Deus.

3. *Amor de complacência e amor de benevolência.* O *amor de complacência* para com Deus consiste em nos alegrarmos com ele por ser quem é – o Deus amor. Regozijamo-nos com ele por suas obras na criação e na história. Aceitamos a vontade divina até nos sofrimentos, com muita paz. Desta atitude brota o louvor: "Obras do Senhor, bendizei o Senhor"[9]. São Francisco de Assis soube louvar, no seu Cântico das Criaturas, até a "irmã morte": "Louvado sejas, meu Senhor, por nossa irmã, a 'morte corporal', da qual homem algum pode escapar'".

O *amor de benevolência* consiste em desejar e procurar o bem da pessoa amada. Porém "não podemos desejar, com um verdadeiro desejo, algum bem para Deus, porque sua bondade é infinitamente mais perfeita do que qualquer coisa que possamos desejar ou até pensar", diz São Francisco de Sales.[10] E como nada é capaz de acrescentar algo a Deus, o que de fato podemos desejar é um aumento constante da complacência que experimentamos em sua bondade. Ainda podemos desejar que "o seu nome seja bendito, exaltado, louvado e adorado sempre mais".[11] O desejo de glorificar a Deus conduz ao desejo do céu para unir-nos ao louvor que é dado a Deus, a Jesus Cristo Nosso Salvador e à gloriosa Mãe de Deus. O amor de benevolência se caracteriza ainda pelas atividades apostólicas, para que o Reino de Deus se vá instituindo e difundindo.

---

[9] Dn 3,57; cântico de Laudes no Ofício das Leituras, no Domingo da 1ª semana.
[10] SALES, São Francisco de. *Tratado do amor de Deus.*
[11] *Id. ibidem.*

4. *O amor do próximo.* O amor ao próximo, conforme Mateus, é semelhante ao mandamento do amor a Deus. Será um amor constante, que se realiza em plenitude quando chega à reciprocidade a partir do anseio interior: "Tudo aquilo que quereis que os homens vos façam, fazei vós a eles, pois esta é a Lei e os Profetas" (Mt 7,12). Esta orientação evangélica, que fundamenta a reciprocidade, é denominada "regra de ouro". Amar o próximo é querer-lhe o bem e fazer-lhe o bem. Nessa perspectiva, trata-se de um amor efetivo para com todos os marginalizados e sofredores de nossa sociedade, organizada muito mais em favor dos grandes e poderosos do que aberta para dar o lugar devido aos sofredores, nos quais Cristo se declara presente (Mt 25,31-46). E este amor exige que se faça de maneira organizada a assistência aos pobres. Mais ainda: que se lute por uma sociedade justa, em que todos tenham direitos iguais. Isto verdadeiramente é amor efetivo.

No Evangelho de Marcos (12,28-34)

Um letrado aproximou-se de Jesus e perguntou: "Qual é o mandamento mais importante?". Jesus respondeu: "O mais importante é: 'Escuta, Israel, *o Senhor nosso Deus é um só*. Amarás o Senhor teu Deus com todo o teu coração, com toda a tua alma, com toda a tua mente, com todas as tuas forças'. O segundo é: 'Amarás o teu próximo como a ti mesmo'. Não há mandamento maior do que estes". O letrado lhe respondeu "Muito bem, Mestre, o que dizes é verdade: 'ele é um só, e não há outro fora dele'. Amá-lo com todo o coração, com toda a inteligência e com todas as forças e amar o próximo como a si mesmo vale mais que todos os holocaustos e sacrifícios". Vendo que havia respondido com sensatez, Jesus lhe disse: "Não estás longe do reino de Deus". Esse letrado coloca, na escala de valores, o duplo amor de Deus e do próximo acima dos holocaustos e sacrifícios, acima do culto mosaico, e assim se abre para o acolhimento de Jesus, para o Reino de Deus em Cristo: "Não estás longe do reino de Deus". Ainda hoje somos insistentemente convidados a assumir Jesus Cristo no irmão necessitado, em vez de nos atermos simplesmente ao culto, fechando os olhos e o coração aos que sofrem. Lembremos o canto, outrora frequentemente cantado, e que convém tornar novamente lembrado e utilizado nas comunidades: "Seu nome é Jesus Cristo e passa fome".[12]

No Evangelho de Lucas (10,22-37)

É *um jurista* – um especialista em leis – que pergunta a Jesus: "Mestre, que devo fazer para herdar a vida eterna?". Ao jurista Jesus responde: "O que está escrito na Lei? O que é que lês?" Ele replicou: "Amarás o Senhor teu Deus de todo o coração, com a tua alma, com toda a tua mente, e ao teu próximo como a ti mesmo". Jesus lhe declara: "Respondeste corretamente. Faze isso e viverás". Observamos que a preocupação desse jurista é *herdar a vida eterna*. E a resposta de Jesus mostra que a *vida* – a vida na graça divina – já está presente na fé e no amor e desabrochará com plenitude na outra vida (Jo 3,16).

Quem é o próximo?

O protótipo do amor efetivo ao próximo se encontra na parábola do Bom Samaritano que Jesus contou ao jurista, quando este lhe perguntou: "Quem é meu próximo?". Jesus falou: "Uma pessoa, que viajava descendo de Jerusalém a Jericó, sendo assaltado

---
[12] *Louvemos o Senhor*, n. 831.

por ladrões, ficou ferido e abandonado, quase morto. Passa por ele um sacerdote, que, *vendo-o, foi adiante*, pelo outro lado. O mesmo fez um levita que passava: *viu-o e passou adiante*, pelo outro lado. Porém, um samaritano, ao passar, chegou perto dele, *viu-o e teve compaixão*. Aproximou-se e fez curativos, derramando óleo e vinho nas feridas. Colocou-o na sua cavalgadura e levou-o a uma pensão, onde cuidou dele. No dia seguinte, ofereceu duas moedas de prata ao dono da pensão para que tratasse dele. E se comprometeu que, ao voltar de sua viagem, lhe pagaria qualquer outra despesa. E Jesus pergunta então ao jurista: "Qual dos três, te parece, comportou-se como o próximo daquele que caiu nas mãos dos assaltantes?". O jurista respondeu: "Aquele que praticou misericórdia para com ele". Então Jesus lhe falou: "Vai e faze o mesmo".

Portanto, o amar o próximo se concretiza em nos aproximarmos dos necessitados, cuidarmos deles, misericordiosamente.

Exige ainda usarmos de todo o nosso potencial cívico para que a sociedade os acolha e dê condições, a fim de todos terem "vez e voz". *Liberdade e vida Deus quer para todos e que se relacionem na fraternidade.*

Conclusão

O homem é a perfeição do universo; o espírito é a perfeição do homem; o amor é a perfeição do espírito; e a caridade, a perfeição do amor. É por isso que o amor de Deus é o fim, a perfeição e a excelência do universo. Nisto, Teótimo (*Amigo de Deus*), consiste a grandeza e a primazia do mandamento do amor divino, que o Salvador denomina o primeiro e máximo mandamento".[13]

---

[13] SALLES, São Francisco de. *Op. cit.*, LX, cap. 1.

São Vicente de Paulo às "Filhas da Caridade": "É preciso que saibais, minhas filhas, que nosso Senhor quis experimentar, em sua pessoa, todas as misérias imagináveis (...). Alegrai-vos e dizei dentro de vós mesmas 'vou a estes pobres para honrar em suas pessoas a pessoa de Nosso Senhor, vou ver neles a sabedoria encarnada de Deus, que quis passar por tal sem o ser de fato'" (SVP, X, 125-126).

"Minhas filhas, como isto é admirável! *Ides a umas casas muito pobres, mas ali encontrais Deus*" (SVP, X, 252).

3
Os Mandamentos nas Cartas Paulinas e na Carta de São Tiago

No Novo Testamento encontramos os mandamentos referidos nos Evangelhos Sinóticos, assim como nos escritos de São João. As *Cartas Paulinas* também mencionam os mandamentos e apresentam o modo cristão de viver à luz dos mesmos. Iremos refletir sobre os mandamentos nas Cartas Paulinas, concluindo com uma visão rápida da "Lei da Liberdade" na Carta de São Tiago.

Examinaremos os seguintes pontos relativos aos mandamentos:

- Os mandamentos na Carta de São Paulo aos Romanos (capítulo 13):
  - Na perspectiva da obediência à autoridade política legítima (13,1-7).
  - O amor resume toda a lei (13,8-10).
  - Dimensão escatológica (13,11-14).
- Na Primeira Carta aos Coríntios:
  - O capítulo 7 dessa Carta.
  - Não pactuar com a idolatria (8–10).
  - O capítulo 13: o amor-caridade.

- Os códigos familiares (Ef 5,21-6,9; Cl 3,18-4,1) e a Carta aos Hebreus (13,4).
- Conclusão (Carta de São Tiago).

Os Mandamentos na Carta de São Paulo aos Romanos (capítulo 13)

1. *Na perspectiva da obediência à autoridade política legítima (13,1-7)*

O apóstolo Paulo diz: "Que cada um se submeta às autoridades constituídas, pois toda autoridade procede de Deus; ele estabeleceu as que existem" (13,1). "É preciso submeter-se, e não somente por medo do castigo, mas *em consciência*" (13,5). "Dai a cada um o devido: imposto, contribuição, respeito, honra... O que couber a cada um" (13,7).

Paulo, em Romanos 13,1-7, não está legitimando a autoridade política de maneira absoluta.

> Ele apenas mostra *o fundamento, a função e, ao mesmo tempo, o limite de uma autoridade política*. A autoridade, por direito, só pertence à natureza de Deus. Só ele é o Senhor e juiz absoluto sobre os homens. A autoridade política encontra seu *fundamento* numa participação funcional na autoridade de Deus, em vista do homem comum. Sua *função* é servir ao povo, promovendo a justiça, zelando pelo direito e impedindo abusos. Seus *limites* dependem de seu próprio fundamento e função: *a autoridade não pode usurpar o lugar de Deus*, pretendendo-se absoluta ou divina, nem pode servir a si mesma, oprimindo o povo.[14]

---

[14] *Bíblia Sagrada, edição pastoral*, Ed. Paulinas, São Paulo, 1990, nota a Romanos 13,1-7.

2. O amor resume toda a lei (13,8-10)

Nos versículos 8-10, *Paulo passa para o dever do amor-caridade* (amor gratuito), que resume para o cristão toda a lei mosaica: "Não tenhais dívidas com ninguém a não ser a do amor mútuo" (v. 8a). Nisto se resumem as obrigações da vida cristã. "Pois quem ama o próximo cumpriu a lei" (v. 8b). Paulo refere vários mandamentos: "'Não cometerás adultério, não matarás, não roubarás, não cobiçarás' e qualquer outro preceito se resumem neste: 'Amarás o próximo como a ti mesmo'" (v. 9). Ele está citando Êxodo 20,1-17 e Deuteronômio 5,1-21 e acrescenta Levítico 19,18b: "Amarás teu próximo como a ti mesmo". Já encontramos tal citação nos evangelhos sinóticos quando falam dos dois mandamentos – o amor de Deus e o amor do próximo (Mt 22,34-40; Mc 12, 28-34; Lc 10,25-37).

3. *Dimensão escatológica (13,11-14)*

Paulo adverte: "Reconhecei o momento em que viveis, pois já é hora de despertar do sono: agora a salvação está mais próxima do que quando abraçamos a fé" (13,11).

A conduta cristã não é mera consequência da fé, mas também *dinamismo rumo à consumação*. Costuma-se chamar a parusia "dia do Senhor". Pois bem, esse dia desponta: é hora de despertar, de despojar-se de hábitos noturnos e vestir-se para o dia da luz (Is 52,1) ou para a batalha iminente. *Veste e armadura será o próprio Jesus Cristo Senhor*. A imagem se quebra, indicando o inexprimível.[15]

---

[15] SCHÖKEL, Luís Alonso. *Bíblia do Peregrino NT*, nota a Romanos 13,11-14.

"Revesti-vos do Senhor Jesus Cristo e não satisfaçais os desejos do instinto" (13,14).

NA PRIMEIRA CARTA AOS CORÍNTIOS

1. *1Coríntios 7*

No capítulo 7 da 1ª Carta aos Coríntios, Paulo orienta a comunidade cristã a respeito de algumas situações concretas.

– O relacionamento íntimo do casal: "O marido cumpra o dever conjugal para com a esposa; e a mulher faça o mesmo em relação ao marido (...). Não vos recuseis um ao outro, a não ser de comum acordo e por algum tempo, para que vos entregueis à oração; depois voltai a unir-vos, a fim de que Satanás não vos tente mediante a vossa incontinência" (v. 3.5).

– O casamento cristão é para sempre: "A mulher não se separe do marido – se, porém, se separar, não se case de novo ou reconcilie-se com o marido – e o *marido* não repudie a sua esposa!" (v. 10b.11).

– No caso de um esposo cristão se encontrar casado com uma mulher pagã e esta se dispuser a viver pacificamente com ele, não devem separar-se. E se a mulher cristã tiver marido pagão, e este se dispuser a viver pacificamente, não se separem. Pois *a parte cristã santifica a parte não cristã*: "Foi para viver em paz que Deus vos chamou" (cf. 7,12–15).

– Também o fato de ser judeu (circuncidado) convertido ou um convertido do paganismo (não circuncidado) não impede de ser cristão: "O que vale é a observância dos mandamentos de Deus" (7,19b).

– Nem a condição social – livre ou escravo – impediria de ser cristão: "Aquele que era escravo quando, chamado no Senhor, é um liberto no Senhor. Da mesma forma aquele que era livre, quando foi chamado, é um escravo de Cristo. Alguém pagou alto preço pelo vosso resgate; não vos torneis escravos dos homens, (...) cada um permaneça, diante de Deus, na condição em que se encontrava" (7,22-24). Porém na medida em que a aceitação do Evangelho entrou na mente e na ação dos cristãos dentro da história e não se ficou esperando como iminente a Segunda Vinda do Senhor, os cristãos procuravam mais diretamente realizar uma sociedade em que todos pudessem ter direitos iguais. *A virgindade ou o celibato por causa do Reino de Deus* tem sentido enquanto consagração feita a Deus e ao serviço dos mais necessitados como dom recebido de Deus (7,25-35). Para avaliar de modo cristão o matrimônio, é importante examiná-lo à luz da virgindade consagrada a Deus. Assim como para avaliar a virgindade consagrada, é bom examiná-la à luz do matrimônio cristão.

2. *Não pactuar com a idolatria (1Cor 8–10)*

A carne que sobrava dos banquetes cultuais em honra aos deuses pagãos era vendida no mercado ou se consumia em contexto profano. A carne não era alimento corrente, devido ao preço, e os sacrifícios por diversas celebrações tinham o atrativo da sua dieta. Naturalmente, o cristão não participava do culto aos ídolos, com sacrifício e banquete. Poderiam participar das sobras que se consumiam no contexto profano? Com outras palavras, permanecia a consagração ao ídolo aderida à carne como condição inseparável? Em caso afirmativo, comer era contaminar-se de idolatria. Assim o pensavam as pessoas escrupulosas, talvez pagãs com fervor de recém-convertidos.

Paulo, sem apelar para a decisão do Concílio de Jerusalém (At 15), responde em dois planos: o do "conhecimento" ou consciência ilustrada, e o da caridade. *Diz o "conheci-*

mento": se os ídolos são nulidade, pois não existem divindades fora do Deus único, o alimento que se lhes oferece não fica consagrado, continua profano como antes. *Diz a caridade:* não se pode escandalizar o irmão que tem a consciência menos formada ou escrupulosa.[16]

Por causa da caridade, Paulo afirma que se vamos a uma refeição na casa de algum pagão e alguém avisa: "É carne sacrificada", não devemos comer, "em atenção a quem vos avisou e à consciência. Não me refiro à própria consciência, mas à consciência do outro. Não deis motivo de escândalo, nem a judeus, nem a gregos, nem à Igreja de Deus" (1Cor 10,28-29). Ele dissera também: "Se um alimento escandalizar meu irmão, jamais comerei carne, para não escandalizar o irmão" (1Cor 9,13).

3. *Paulo apresenta o hino da caridade (1Cor 13)*

O amor a Deus e ao próximo concretiza o duplo mandamento da Nova Aliança. O capítulo 13 de 1Coríntios focaliza este amor. Paulo pensa nas línguas de todos os povos. Imagina os anjos falando entre si numa língua celeste, não aquela com a qual se comunicavam com os homens: "Ainda que eu fale todas as línguas humanas e angélicas, se não tenho amor sou como um metal estridente e um címbalo que tine" (v. 1). Sem o amor perderia o valor, o dom da profecia e a própria fé, "capaz de mover montanhas" (v. 2). A renúncia de todos os bens para dá-los aos pobres *de nada serviria "se não tenho o amor"*. Nem mesmo suportar o martírio, sem o amor, teria sentido (v. 3). Paulo dá as caracterís-

---
[16] *Id., ibidem*, nota a 1Cor 8,1-13.

ticas do amor: "paciente, amável, sem inveja, sem ostentação ou orgulho" (v. 4). O amor "não faz coisas inconvenientes, não procura o próprio interesse, não guarda rancor" (v. 5). Ele "não se alegra com a injustiça, mas se alegra com a verdade" (v. 6). Sabe desculpar, sabe acreditar, sabe esperar, tudo suporta (v. 7). *"O amor jamais acabará"*, mas "as profecias desaparecerão, as línguas cessarão, a ciência também desaparecerá" (v. 8). "Porque conhecemos imperfeitamente, profetizamos imperfeitamente" (v. 9). "Quando chegar a perfeição *o limitado desaparecerá*" (v. 10). "Quando eu era criança, pensava como criança, raciocinava como criança. Depois que me tornei adulto, deixei o que era próprio de criança" (v. 11). "Agora, vemos como enigma num espelho; depois veremos face a face. Agora, conheço imperfeitamente; depois conhecerei tão bem quanto sou conhecido. *Paulo pensa no amor proveniente e misericordioso que Deus mostrou na sua eleição para a fé e o apostolado*".[17] "*Agora, portanto, permanecem estas três coisas*: a fé, a esperança e o amor. A maior delas, porém, é o amor" (v. 12). "Contrariamente ao que sucede na forma mais alta do amor humano, por ele é que o homem busca sua perfeição no que é nobre e espiritual, o *amor gratuito (ágape) vem-nos de Deus em Jesus Cristo*. É imotivado e criador, não busca nada e não é fruto da atração que nossa bondade pudesse exercer em Deus. Deus amou-nos em Jesus como pecadores. Devemos abrirmo-nos a esse amor e desejar que o amor de Deus atue em nós *no amor, também sem motivo, aos demais*."[18]

---

[17] KUGELMAN, Richard. *Primera Carta a los Corintios,* em "Comentario Biblico 'San Jeronimo'", t. IV, Ediciones Cristiandad, Madrid, p. 54.
[18] *Id., ibidem*, p. 54.

OS CÓDIGOS FAMILIARES

1. *Na Carta aos Efésios e na Carta aos Colossenses*

Na Carta aos Efésios e na Carta aos Colossenses, Paulo apresenta um código familiar.

– *O código familiar em Efésios* (Ef 5,21–6,9) coloca como princípio fundamental "Submetei-vos uns aos outros no temor a Cristo" (v. 21), que poderia significar "em atenção a Cristo". "A *submissão* de que fala pode ser compreendida como forma de amor, caracterizado pela humildade e doação. O temor de Cristo apresenta a motivação: assim como Cristo é o Salvador de todos, ele também será o juiz de todos. Esse princípio fundamental atinge a todos indistintamente." Este princípio se aplicará sucessivamente às relações entre esposos, pais e filhos, escravos e amos. O amor de Cristo que se sacrificou por todos é o modelo para a vida do lar.[19] *Paulo apoia-se no decálogo com sua motivação:* "Honra teu pai e tua mãe: é o primeiro mandamento, que inclui uma promessa: para que tudo te corra bem e vivas muito tempo na terra" (Ef 6,2-3). E "*acrescenta* que os pais estão obrigados a dar a seus filhos uma educação cristã".[20] Paulo teria então presente a recomendação de Eclesiástico 3,1-16, assim como Eclesiástico 30,1-13 (Pv 19,18).

– *O código familiar em Colossenses* (Cl 3,18-4,1). Trata-se de orientações que Paulo faz quanto às relações dentro da grande família no seu tempo, que compreendia também os escravos. Há de se fazer tudo "no Senhor". Esta palavra "Senhor" (*Kyrios*) vem

---

[19] Cf. GRASSI, Joseph A. *Carta a los Efesios,* em "Comentario Bíblico 'San Jerónimo, N.T.'", t. IV, p. 242.

[20] *Id. ibidem*, p. 243.

repetida sete vezes (3,18.20.22.23.24a.24b; 4,1). A fonte principal desse código familiar é ainda o quarto mandamento: "Honra teu pai e tua mãe". Porém "*a obediência ao Senhor* se demonstrará na vida mediante a entrega de todo o coração ao cumprimento do dever na família e no mundo. Esta seção acentua o cumprimento das obrigações de cada qual mais do que os direitos".[21]

O matrimônio na Carta aos Hebreus

"O matrimônio seja respeitado por todos, e o leito matrimonial esteja sem mancha, pois Deus julgará fornicadores e adúlteros" (Hb 13,4). Está presente o Sexto Mandamento, que exige o respeito à família própria e à do outro.

Conclusão

"A lei da liberdade." Para concluir nossa reflexão sobre os mandamentos nas Cartas Paulinas, nós as deixamos por um instante e passamos à Carta de São Tiago. Esta reduz toda a lei judaica ao mandamento do amor ao próximo (1,25; 2,8.13), que Tiago denomina "a lei da liberdade" (1,25). Por isso os mandamentos, já expressos no Antigo Testamento e levados à perfeição no Novo Testamento, com razão pode-se dizer que se condensam na "lei da liberdade", de que o apóstolo Tiago dá alguns exemplos. "Religião pura e sem mancha diante de Deus, nosso Pai, é socorrer os órfãos e as viúvas em aflição e manter-se livre da corrupção do mundo" (Tg 1,27). "Assim, se cumpris a Lei régia segundo a Escritura: 'Amarás o teu próximo como a ti mesmo',

---

[21] *Id., Carta a los Colosenses*, em "Comentario Biblico 'San Jeronimo, N.T.'", t. IV, p. 222.

estais agindo bem. Mas se fazeis acepção de pessoas, cometeis um pecado e incorreis na condenação da Lei como transgressores" (Tg 2,8-9). E ainda: "Aquele que guarda toda a Lei, mas desobedece a um só ponto, torna-se culpado da Lei inteira, pois aquele que disse: 'Não cometerás adultério' também disse: 'Não matarás'. Portanto, se não cometes adultério, mas cometes um homicídio, tornas-te transgressor da Lei. Falai, pois, e agi como os que hão de ser julgados pela Lei da liberdade, porque o julgamento será sem misericórdia para aquele que não pratica misericórdia. A misericórdia, porém, *triunfa sobre o julgamento*" (Tg 2,10-13).

4
Os Mandamentos nos escritos de São João

Os escritos de São João compreendem o quarto Evangelho, as cartas de São João e o Apocalipse. Encontramos a expressão "meus mandamentos" em João 14,15 e 15,10. A sua observância liga-se ao amor para com Jesus (14,15) ou ao ser amado por Jesus, o qual obedece "aos mandamentos do Pai" e permanece no seu amor.

Examinaremos: (1) o amor de Deus pelos homens; (2) o novo mandamento; (3) o anseio de unidade manifestado por Jesus. Concluiremos lembrando a "comunhão" como expressão de uma espiritualidade eclesial.

O AMOR DE DEUS PELOS HOMENS

Nós encontramos de vários modos expresso nos escritos de São João *o amor de Deus pelos homens.*

É o amor de Deus que se manifesta no seu Filho Jesus Cristo. Assim lemos no Evangelho de São João: "Deus amou de tal forma o mundo que entregou o seu Filho único, para que todo o que nele acredita não morra, mas tenha a vida eterna" (Jo 3,16). Deus quer a salvação de todos porque ama; por isso não apenas envia Jesus, mas entrega o seu Filho aos homens, e estes ou acreditam em Jesus e respondem com o amor a Deus e aos homens ou rejeitam Jesus e recusam a salvação e assim o amor a Deus e aos homens. A "vida" que Deus deseja *eterna* já está presente no amor de Deus e do próximo pelo seguimento de Jesus. Isso no passado, hoje e sempre: *é a vida da graça*.

Antes da festa da Páscoa, Jesus sabia que tinha chegado a sua hora. A hora de passar deste mundo para o Pai. Ele, que tinha amado os seus que estavam neste mundo, *"amou-os até o fim"* (Jo 13,1). Nessa proximidade de se entregar à morte pela salvação dos homens, Jesus executou um gesto de amor aos discípulos que lhes serviria de exemplo: *o lava-pés*. "Pois bem: eu, que sou o Mestre e o Senhor, lavei os vossos pés; por isso, deveis lavar os pés uns dos outros" (Jo 13,14).

O amor de Jesus pelos discípulos precede e estimula o amor dos discípulos para com Deus e para com o próximo.

A Eucaristia, que Jesus institui na última ceia e manda que seja celebrada pelos cristãos, é a grande prova de amor pelos homens. *É o Pão da Vida.* Jesus falou: "Eu sou o pão vivo que desceu do céu. Quem come deste pão viverá eternamente. E o pão que eu vou dar é a minha própria carne para a vida do mundo" (Jo 6,51).

Jesus prometeu enviar o Espírito Santo: "Se vós me amais, obedecereis aos meus mandamentos. Então eu pedirei ao Pai, e ele vos dará outro Advogado, para que permaneça convosco, para sempre. Ele é o Espírito da Verdade, que o mundo não pode acolher, porque não o vê, nem o conhece, ele mora convosco e estará convosco" (Jo 14,15-17).

O Apocalipse também afirma o amor de Jesus, que o levou a derramar o seu sangue pela nossa salvação. Eis esta aclamação de louvor: "A Jesus, que nos ama e nos libertou de nossos pecados por meio de seu sangue, e que fez de nós um reino de sacerdotes para Deus, seu Pai, a Jesus, a glória e o poder para sempre. Amém" (Ap 1,5b-6).

O NOVO MANDAMENTO

Jesus afirma na última ceia, depois de ter lavado os pés dos discípulos e anunciado a traição de Judas e a glória que o Pai lhe dará à semelhança do triunfo do Servo de Javé (Is 52,13): *"Eu vos dou um mandamento novo: 'amai-vos uns aos outros'. Assim como eu vos amei, deveis amar-vos uns aos outros. Nisso conhecerão todos que sois meus discípulos, se tiverdes amor uns pelos outros"* (Jo 13,34-35). O distintivo dos discípulos de Jesus é o amor mútuo à semelhança do amor de Jesus por todos nós. As divisões numa comunidade cristã mostram que não se está vivendo o verdadeiro discipulado de Cristo: *constituem uma negação ao ato de ser discípulo*. E na sua Primeira Carta, São João faz esta observação sobre esse mandamento: "Caríssimos, não vos comunico um mandamento novo, mas o mandamento antigo, esse mesmo que recebestes desde o princípio. O mandamento antigo é a palavra que vós ouvistes. E, no entanto, o mandamento que vos comunico é novo – pois ele é verdadeiro em Jesus Cristo e em vós – pois as trevas já estão afastando-se, e a verdadeira luz já está brilhando. Quem afirma que está na luz, mas odeia o seu irmão, ainda está nas trevas. Quem ama seu irmão permanece na luz, e nele não há ocasião de tropeço" (1Jo 2,7-10).

Se este mandamento é chamado "novo" (Jo 13,34), ele o é por ser a marca decisiva da nova aliança. João processa, por assim dizer, uma concentração de toda a moral no mandamento do amor fraterno. Não se esquece, sem dúvida, das outras exigências que cabem ao discípulo; diversas vezes emprega "mandamentos" no plural (14,15-21; 15,10). Lemos, por exemplo, na alegoria da vinha: "Se observais meus mandamentos, permanecereis no meu amor, como eu guardei os preceitos de meu Pai e permaneço em seu amor" (15,10). É evidente, porém, que todos se fundem no mandamento novo do ágape (amor), de ágape levado até o extremo.[22]

João deseja "realçar o caráter de intimidade e de reciprocidade do *ágape* vivido no clima da nova aliança".[23]

A UNIDADE QUE JESUS PEDE AO PAI (JO 17)

Na chamada "oração sacerdotal" que Jesus dirige ao Pai, na última ceia, ele *roga pela unidade*: "Que sejam um".

Em primeiro lugar ora pela *união da comunidade dos seus discípulos*, aquela comunidade apostólica que Jesus foi formando: "Eu peço por eles. Não peço pelo mundo, mas por aqueles que me deste, porque são teus (...). Pai santo, guarda-os em teu nome, o nome que me deste, para que eles *sejam um, assim como nós somos um* (...). Consagra-os com a verdade: a verdade é a tua palavra. (...) Em favor deles eu me consagro, a fim de que também eles sejam consagrados na verdade" (17,9.16.17.19).

Num segundo momento, Jesus estende o alcance de sua oração: "Eu te peço não só por estes, mas também por aqueles que irão acreditar em mim por causa da palavra deles, para que *todos sejam um, como tu, Pai, estás em mim e eu em ti*. E para que também eles estejam em nós, *para que o mundo acredite que tu me enviaste*. Eu mesmo dei a eles a glória que tu me deste, para que *sejam um, como nós somos um*. Eu neles e tu em mim, para que sejam perfeitos na unidade e para que o mundo conheça que tu me enviaste e que os amaste, como amaste a

---

[22] COTHENET, E., DUSSAUT, L., LE FORT, P., PRIGENT, P. *Os escritos de São João e a epístola aos Hebreus*, Edições Paulinas, São Paulo, 1988, p. 116.
[23] *Id., ibidem.*

mim" (17,20-23). *A unidade dos cristãos é um testemunho tão forte diante dos homens e tem uma força evangelizadora:* "Para que o mundo reconheça que me enviaste e que os amaste como amaste a mim" (v. 23b).[24]

Conclusão

Os escritos de São João, que acentuam como exigência máxima da vida cristã o amor, fazem compreender a "comunhão" como espiritualidade do ser Igreja. "Isso que vimos e ouvimos, nós agora vos anunciamos para que estejais em comunhão conosco." E a nossa comunhão é com o Pai e com seu Filho, Jesus Cristo. Essas coisas vos escrevemos a fim de que nossa alegria seja completa. Por isso devemos "fazer da Igreja a casa e a escola da comunhão". "Promover uma espiritualidade de comunhão, elevando-a ao nível de princípio educativo em todos os lugares onde se plasmam o homem e o cristão, onde se educam os ministros do altar, os consagrados, os agentes pastorais, onde se constroem as famílias e as comunidades."[25]

---

[24] Para um comentário mais desenvolvido da "oração sacerdotal", cf. MATEOS Juan, BARRETO, Juan. *O Evangelho de São João*, Edições Paulinas, São Paulo, 1989, p. 671-696.
[25] JOÃO PAULO II, Carta Apostólica *No início do Novo Milênio*, n. 43.

Segunda Parte
Os Dez Mandamentos

5

O primeiro mandamento
"Amar a Deus sobre todas as coisas"

A raiz do Decálogo é o próprio Javé, Deus Nosso Senhor, que revelou a Moisés o seu nome, o qual significa "*Eu sou*" (Êx 3,14). *A finalidade dos mandamentos* é liberdade e vida. Por isso, Deus fala a Moisés: "Eu Sou Javé, teu Deus, que te fez sair da terra do Egito, da casa da escravidão" (Êx 20,2). E "no centro da verdadeira adoração ao verdadeiro Deus está a vida".[26]

O SIGNIFICADO FUNDAMENTAL DO PRIMEIRO MANDAMENTO

O primeiro mandamento se enuncia desta maneira: "Não terás outros deuses diante de mim. Não farás para ti imagem esculpida de nada que se assemelhe ao que existe lá em cima, nos céus, ou embaixo da terra, ou nas águas que estão debaixo da terra. Não te prostrarás diante desses deuses e não os servirás, porque eu Javé, teu Deus, sou um Deus ciumento, que puno a

---

[26] BALANCIN, Euclides. *Decálogo: Educação para a libertação e para a vida*, artigo publicado em "Vida Pastoral", n. 103, p. 3.

iniquidade dos pais sobre os filhos até a terceira e quarta geração dos que me odeiam, mas que também *ajo com amor até a milésima geração para aqueles que me amam e guardam os meus mandamentos*" (Êx 20,3-6). Olhando para o Novo Testamento lemos a esse respeito: "Ao Senhor, teu Deus, adorarás e só a ele prestarás culto" (Mt 4,10). O Catecismo da Igreja Católica assim explica: "O primeiro preceito e a exigência justa de Deus é que *o homem o acolha e o adore*" (n. 2084). *Adorar* significa reconhecer como o ser absoluto, sem princípio e sem fim, a absoluta majestade *divina* e a total sujeição da criatura. O acolhimento a Deus se realiza pela fé, esperança e caridade.

Quanto à *fé*, o primeiro mandamento nos impulsiona à "obediência da fé" (Rm 1,5), "que se identifica com a adesão da fé".[27] À semelhança de Abraão, há de se *"esperar contra toda a esperança"* (Rm 4,18). A caridade, em ordem à aceitação de Javé, resume-se nesta expressão deuteronomista: "Ouve, ó Israel: Javé nosso Deus é o único Javé. Portanto, amarás a Javé teu Deus, com todo o teu coração, com toda a tua alma e com toda a tua força" (Dt 6,4-5). E Jesus responde à pergunta dos fariseus sobre o preceito mais importante na Lei: "Amarás o Senhor teu Deus de todo o teu coração, com toda a alma, com toda a mente" (Mt 22,37). Por isso, na catequese das crianças, já se aprende que o Primeiro Mandamento é *"Amar a Deus sobre todas as coisas"*.

"Não farás imagem esculpida..."

Javé exige de Israel *um culto exclusivo*, como está dito no versículo 3 de Êxodo 20: "Não terás outros deuses diante de mim". Pois "foi a ti (Israel) que ele mostrou tudo isso, para que soubesses que Javé é o único Deus" (Dt 4,35). Assim: "Ficai muito atentos a vós

---

[27] Cf. nota a esse texto na *Bíblia de Jerusalém*.

mesmos! Uma vez que nenhuma forma vistes no dia em que Javé vos falou no Horeb, do meio do fogo, não vos pervertais, fazendo para vós uma imagem esculpida em forma de ídolo: uma figura de homem ou de mulher, figura de animal terrestre, de algum pássaro que voa no céu, de algum réptil que rasteja sobre o solo, ou figura de algum peixe que está nas águas que estão sob a terra. Levantando teus olhos ao céu e vendo o sol, a lua, as estrelas e todo o exército do céu, não te deixes seduzir para adorá-los e servi-los! São coisas que Javé teu Deus repartiu entre todos os povos que vivem sob o céu. Quanto a vós, porém, Javé vos tomou e vos fez sair do Egito, daquela fornalha de ferro, para que fôsseis o povo de sua herança, como hoje *se vê*" (Dt 4,15-20).[28]

A fabricação de imagens e outras representações estão proibidas pelo primeiro mandamento, enquanto feitas como "ídolos", para serem adoradas. Porém, já no Antigo Testamento Deus permitiu ou ordenou que se fizessem imagens, símbolos da salvação que viria por Jesus Cristo. Assim Moisés ergueu, no deserto, uma serpente de bronze (Nm 21,4-9). Pois declara Jesus a Nicodemos: "Assim como Moisés levantou a serpente no deserto, do mesmo modo é preciso que seja levantado o Filho do Homem. Assim todo aquele que nele acreditar, nele terá a vida eterna" (Jo 3,14-15). Além disso, Israel tinha os querubins na Arca da Aliança (Êx 25,17-22); as paredes do templo de Salomão foram revestidas de imagens de querubins (1Rs 6,29s.).[29]

O Concílio Ecumênico de Niceia, em 787, justificou, contra os iconoclastas, o culto dos ícones: os de Cristo, da Mãe de Deus, dos anjos e dos santos. O culto, de fato, dirige-se às pessoas representadas pelas imagens.

---

[28] Cf. HARRELSON, Walter. *Os Dez Mandamentos e os Direitos Humanos*, Edições Paulinas, São Paulo, p. 81-89; STORNIOLO, Ivo. *Da sobra nasce a idolatria*, em "Vida Pastoral", n. 164, p. 2-8.

[29] BETTENCOURT, Estêvão Tavares. *Católicos Perguntam*, publicações de "O Mensageiro de Santo Antônio", Santo André, SP, "As imagens por quê?", p. 7-9.

Nós as tratamos com respeito e carinho, como fazemos com fotografias de nossos seres queridos.

O HOMEM FOI CRIADO À IMAGEM DE DEUS

Conforme Gênesis 1,26, Deus fez o homem à sua imagem e semelhança; e o ser humano tem a missão de testemunhar a presença e o poder ativos de Deus no mundo. Outrora Israel, como povo eleito de Deus, devia servir a Javé e representar a causa de Deus no mundo. Ao Faraó, que impedia a saída de Israel do Egito, Deus manda Moisés dizer: "O meu filho primogênito é Israel. E eu te disse: 'Faze partir o meu filho, para que me sirva'" (Êx 4,22s.). E a paternidade divina se estende a todos os homens, criados à imagem e semelhança de Deus. Sentir-se-ão "encarregados de ser representantes da causa e das exigências de Deus sobre a terra, identificáveis como filhos de Deus, prontos para servir a Deus", comprometidos em fazer os povos da terra compreenderem o que significa viverem conscientemente como seres criados à imagem e semelhança de Deus.[30]

O agir em ordem à causa de Deus consiste em assumir o projeto de Deus sobre o homem e toda a criação. O homem é chamado a ser filho de Deus, irmão de cada ser humano e senhor do mundo, conservando a submissão filial ao Criador e o amor fraterno a todos os homens.

O homem em tudo há de guiar-se pela consciência moral. "A consciência é o núcleo secreto e o sacrário do homem, no qual se encontra a sós com Deus, cuja voz se faz ouvir na intimidade do seu ser. Graças à consciência, revela-se de modo admirável aquela lei que se realiza no amor de Deus e do próximo.[31]

---

[30] HARRELSON, Walter. *Op. cit.*, p. 96.
[31] Concílio Vaticano II. *Gaudium et Spes*, n. 16.

Conclusão

O amor com que Deus nos ama, o amor com que amamos a Deus, jamais acabará (1Cor 13).

O Deus único, Javé, é o Deus-Amor, a ser adorado e servido. Ele deve ser amado sobre todas as coisas. Todos os homens, principalmente os cristãos, hão de reconhecer e amar este Deus único e só a ele servir. Como "imagem de Deus", o homem assume a responsabilidade de representar a causa de Deus na terra, "a preocupação de Deus com uma terra limpa e bela, terra produtiva, cheia da variedade de criaturas chamadas à vida no momento da criação, (...) a preocupação de Deus com a partilha dos bens da terra de maneira toleravelmente justa, com a manutenção da vida e de suas possibilidades, com a promoção de dispositivos institucionais que preservem a vida e a façam florescer".[32]

---
[32] Walter Harrelson. *Op. cit.*, p. 97.

6

O segundo mandamento
"Não tomar seu santo nome em vão"

A partir de Êxodo 20,7 e Deuteronômio 5,11 a Igreja assim expressa o segundo mandamento: "Não tomar seu santo nome em vão". Examinaremos (I) qual o significado deste mandamento; (II) algumas observações sobre as promessas, a blasfêmia e as pragas; (III) o juramento e o perjúrio. Concluiremos referindo-nos ao nome *cristão*.

O SEGUNDO MANDAMENTO A PARTIR DE ÊXODO 20,7 E DEUTERONÔMIO 5,11: QUAL O SEU SIGNIFICADO?

"Não pronunciarás em vão o nome de Javé, teu Deus, porque Javé não deixará impune aquele que pronunciar em vão o seu nome" (Êx 20,7). Estas palavras "usar em vão o nome de Deus", além do perjúrio e falso testemunho, pode incluir o uso mágico do nome divino.[33] Em Deuteronômio 5,11 lemos: "Não pronunciarás em vão o nome de Javé, teu Deus, pois Javé não deixará impune aquele que pronunciar em vão o seu nome".

---
[33] Cf. *Bíblia de Jerusalém*, nota V referente a esse texto.

Observemos que se trata de "uma proibição de usar o nome de Deus libertador para acobertar injustiça e opressão. Em outras palavras, o nome de Deus não pode ser manipulado para justificar um sistema que fabrica injustiças na defesa de interesses pessoais ou de grupos".[34] Pois "o nome do Senhor é Santo" (Lc 1,49; Is 57,15).

Há biblistas que traduzem do hebraico o segundo mandamento desta maneira: "Não pronunciarás o nome de Deus *por maldade*". Não se trata apenas de usar levianamente o nome de Javé. O vocábulo "lassaw", que aí se encontra, é mais forte do que a tradução "em vão". "*Usar o nome de Javé para o mal* significa abusar do poder inerente ao nome pessoal de Deus para causar dano a outrem. (...) A proibição é contra o uso do nome de Javé para se invocar maldição sobre outra pessoa ou para esconjurar maus espíritos pelo uso deste nome carregado de poder ou, por outro lado, tirar vantagem do conhecimento que alguém tem do poderoso nome pessoal da divindade."[35] Estejamos atentos a *convites superficiais à conversão ou à renovação no Espírito*. São tão perigosos como usar de ameaça com o castigo do fogo eterno para levar a uma mudança de vida. Nossa fé há de ser anunciada sem temor, "com renovado ardor missionário". É o anúncio que fizeram os apóstolos, e São Paulo recomenda a seu discípulo Timóteo: "Proclama a Palavra, insiste no tempo oportuno e inoportuno, advertindo, reprovando e aconselhando com toda paciência e doutrina" (2Tm 4,2). Assim nos colocamos respeitosamente a serviço do nome santo de Deus que nos propomos anunciar, na disposição de suportar o sofrimento que a pregação do Evangelho trouxer (2Tm 4,5).

---

[34] *Bíblia Sagrada*, Ed. Paulus, Segundo Mandamento, nota a Êxodo 21,1-21.
[35] HARRELSON, Walter. *Os Dez Mandamentos e os Direitos Humanos*, São Paulo: Ed. Paulinas, 1987, p. 104.

O livro bíblico "Deuteronômio", que é uma reapresentação da Lei dada por Deus a Moisés no Monte Sinai, traz o segundo mandamento com iguais palavras às do Êxodo. Porém o Deuteronômio centraliza os mandamentos no amor de Deus (Dt 6,4-9): "Ouve, ó Israel; Javé nosso Deus é o único Javé. Portanto, amarás a Javé teu Deus com todo o teu coração, com toda a tua alma e com toda a tua força" (v. 4). Por isso o nome de Deus há de ser respeitado a partir do amor.

PROMESSAS, BLASFÊMIA, PRAGAS

"O segundo mandamento proíbe o abuso do nome de Deus, isto é, todo uso inconveniente do nome de Deus, da Virgem Maria e dos santos."[36]

Algumas observações sobre as *promessas*, a *blasfêmia* e as *pragas*.

1. *As promessas*: ouvimos, não raro, uma pessoa prometer algo a outrem e o beneficiário retrucar: "Não confio em sua promessa!". Quem recebe a promessa pede confirmação. E o promitente declara: "É verdade mesmo. Palavra de Deus!". Certos compromissos religiosos que não chegam a ser votos se fazem como promessas: empenham a autoridade e a veracidade divinas no seu cumprimento. Os fiéis devem estar orientados a não fazerem essas promessas sem um motivo sério e sem a capacidade de cumpri-las.

2. Existe *blasfêmia* quando se proferem palavras de ódio, de ofensa, de desafio a Deus, faltando com respeito deliberadamente, abusando do nome de Deus. Também é *blasfêmia* usar palavras contra a Igreja, os santos, as coisas sagradas. Tem a malícia de blasfêmia o uso do nome de Deus para escravizar os povos,

---

[36] *Catecismo da Igreja Católica*, n. 2146.

torturar ou matar. São Tiago pergunta: "Não são eles (os ricos) que blasfemam contra o nome sublime que foi invocado sobre vós?". A blasfêmia "é contrária ao respeito devido a Deus e a seu santo nome. É em si um pecado grave".[37]

3. Também contrariam o segundo mandamento *as pragas*. Embora possa não haver intenção de blasfêmia, são um desrespeito para com o Senhor[38] e ferem o amor devido ao próximo, que leva a desejar o bem até àqueles que nos prejudicam (Mt 5,44).

JURAMENTO E PERJÚRIO

Jesus falou: "Ouvistes que foi dito aos antigos: 'Não perjurareis e cumprireis teus juramentos ao Senhor'. Pois eu vos digo: 'Não jureis de modo algum: nem pelo céu que é trono de Deus; nem pela terra, que é estrado de seus pés; nem por Jerusalém, que é a capital do Soberano; nem por tua cabeça, pois não podes tornar branco ou preto um cabelo. *Seja vossa linguagem sim, sim, não, não*. O que passa disso procede do Maligno'" (Mt 5,33-37). Por um motivo grave pode-se recorrer ao juramento, como acontece com a declaração jurada dos noivos no processo pré-matrimonial e ainda diante do tribunal pelas testemunhas. Porém importa que se trate de dizer a verdade e do sincero propósito de observar o que se promete, como no caso dos noivos. O juramento *pode ser recusado* quando solicitado por autoridades civis ilegítimas e *deve ser recusado* quando pedido para fins contrários à dignidade das pessoas ou à comunhão da Igreja.[39]

---

[37] *Ibidem*, n. 2148.
[38] Cf. *Catecismo da Igreja Católica*, n. 2149.
[39] *Catecismo da Igreja Católica*, n. 2155.

Conclusão

Os cristãos dos primeiros séculos se gloriavam do nome cristão. Davam grande valor ao nome com que foram batizados. "No batismo, o nome do Senhor santifica o homem, e o cristão recebe seu próprio nome na Igreja."[40] E ainda: "O nome é o ícone (imagem) da pessoa. Exige respeito em sinal da dignidade de quem o leva".[41] Por isso, os pais hão de ter cuidado especial na escolha do nome de seus filhos. Seria bom pensar naquelas pessoas cuja vida santificada foi honrada pela Igreja como um de seus santos e que podem servir de modelo para os cristãos.

---

[40] *Ibidem*, n. 2156.
[41] *Ibidem*, n. 2158.

7

O terceiro mandamento
"Guardar domingos e festas de guarda"

Examinaremos (1) a santificação do sábado no Antigo Testamento, (2) a passagem do sábado para o domingo e (3) a santificação do domingo.

A SANTIFICAÇÃO DO SÁBADO NO ANTIGO TESTAMENTO

No catecismo que aprendemos em nossa infância, lemos assim o terceiro mandamento: "Guardar domingos e festas de guarda". O Antigo Testamento prescrevia: "Lembra-te de *santificar o dia de Sábado. Mas no sétimo dia, que é um repouso em honra do Senhor, teu Deus, não farás trabalho algum*, nem tu, nem teu filho, nem tua filha, nem teu servo, nem tua serva, nem teu animal, nem o estrangeiro que está dentro de teus muros. Porque em seis dias o Senhor fez o céu, a terra, o mar e tudo o que eles contêm, *e repousou no sétimo dia; e por isso o Senhor abençoou o dia do sábado e o consagrou"* (Êx 20,8-11).

A Sagrada Escritura, falando do sábado ou sétimo dia da semana, *faz a memória da criação*: "Porque o Senhor, que fez o céu, a terra, o mar e tudo o que eles contêm, repousou no sétimo dia... abençoou o dia de sábado e o consagrou" (Êx 20,11). Revela ainda um *memorial da libertação da escravidão do Egito*: "É por isso que o Senhor teu Deus te ordenou guardar o dia de Sábado" (Dt 5,15). Finalmente "Deus confiou o sábado a Israel para guardá-lo em *sinal da aliança inquebrantável*" (Êx 31,16). Deus como que tomou fôlego no sétimo dia após a criação (Êx 3,17). Da mesma forma, para o homem, "o sábado faz cessar os trabalhos cotidianos e garante uma pausa. *É um dia de protesto contra as escravidões do trabalho e o culto do dinheiro*".[42]

Conforme G. Barbaglio este mandamento, o terceiro, "refere-se ao repouso sabático. Em ambas as redações de Êxodo e Deuteronômio, como na forma originária, o mandamento não tem nenhuma conotação cultual. É simplesmente proibido o trabalho e é ordenado o repouso. Nisso consiste a santificação exigida do sábado".[43] De fato, Deus falou a Moisés: "Ouvi o clamor dos israelitas oprimidos pelos egípcios e lembrei-me de minha aliança. Por isto dize aos israelitas: 'Eu sou o Senhor. Vou libertar-vos do jugo dos egípcios e livrar-vos de sua servidão'" (Êx 6,2-6). "Aqui não é a questão de trabalhar seis dias e descansar um, *a chave da questão é a exploração do trabalho*... Deus sabia que 'medir o valor da pessoa com o valor do seu trabalho' seria escravizante e desumano. A nova sociedade de Deus não teria exploradores e explorados."[44]

A PASSAGEM DO SÁBADO PARA O DOMINGO

Santificar o sétimo dia é o homem inserir-se no projeto do Criador: *tem uma dimensão social*. As boas obras que somos es-

---

[42] *Ibidem*, n. 2172.

[43] *Dicionário de Teologia Moral*, verbete "Decálogo", vários autores, edição espanhola adaptada por Marciano Vidal, Ed. Paulus, 1997.

[44] CHADY, Thomas C. *Os Dez Mandamentos, Os alicerces da Nova Sociedade*, Petrópolis: Ed. Vozes, 1988, p. 30.

timulados a fazer no dia do Senhor prevalecem sobre a obrigação estrita, legalista, do repouso. Como o Antigo Testamento é direcionado para o Novo, visto que as coisas antigas passaram (2Cor 5,17), *a celebração da Ressurreição de Cristo prevalece sobre o sábado. O domingo se tornou o Dia do Senhor.* Pela "dependência essencial que o terceiro mandamento tem da memória das obras salvíficas de Deus, os cristãos, apercebendo-se da originalidade do tempo novo e definitivo inaugurado por Cristo, assumiram como festivo o primeiro dia depois do sábado, porque nele se deu a ressurreição do Senhor. Com efeito, *o mistério pascal de Cristo constitui a revelação plena do mistério das origens, o cume da história da salvação e a antecipação do cumprimento escatológico do mundo.* Aquilo que Deus realizou na criação e o que fez pelo seu povo no Êxodo (saída do cativeiro no Egito), encontrou na morte e ressurreição de Cristo o seu cumprimento, embora este tenha a sua expressão definitiva apenas na parusia, com a vinda gloriosa de Cristo". "Do sábado passa-se ao 'primeiro' dia depois do sábado, do sétimo dia passa-se ao primeiro: *o Dia do Senhor* torna-se *o Dia de Cristo!*"[45]

A SANTIFICAÇÃO DO DOMINGO

No cristianismo, nossa fé encontra seu fundamento na ressurreição de Jesus Cristo. "*Enquanto 'primeiro dia', o dia da Ressurreição de Cristo lembra a primeira criação. Enquanto 'oitavo dia' que segue ao sábado, significa a nova criação inaugurada com a Ressurreição de Cristo.* Para os cristãos ele se tornou o primeiro de todos os dias, a primeira de todas as festas, o dia do Senhor... o 'domingo'."[46] Leva à plenitude o sábado judaico pela Páscoa de Cristo. "A celebração

---

[45] João Paulo II, Carta Apostólica sobre a santificação do domingo, 31/5/1998, solenidade de Pentecostes, n. 18.
[46] *Catecismo da Igreja Católica,* n. 2174.

do domingo observa a prescrição moral naturalmente inscrita no coração do homem de 'prestar a Deus um culto exterior, visível, público e regular sob o signo de seu benefício universal para com os homens'.[47] *O culto dominical cumpre o preceito moral da Antiga Aliança*, cujo rito e espírito retoma *ao celebrar cada semana o Criador e o Redentor de seu povo*".[48] E a Igreja, guiada pelo Espírito Santo, estabeleceu como responsabilidade do cristão católico a participação dominical da missa assim como nos dias santos de guarda. "A celebração dominical da Eucaristia do Senhor constitui o cerne da vida da Igreja. 'O Domingo, em que por tradição apostólica se celebra o Mistério Pascal, deve ser guardado em toda a Igreja como o dia de festa por excelência'."[49]

O domingo pode e deve ser um dia de repouso, de maior convivência familiar, de estar na companhia alegre dos amigos. Será também um dia de divertimentos sadios. Lembramos ainda que, como Dia do Senhor – que acabamos de mencionar –, "a celebração dominical da Eucaristia do Senhor constitui o cerne da vida da Igreja". As *boas obras*, como visitar os enfermos e os mais empobrecidos e ajudar os necessitados, merecem lugar especial nesse dia. E ainda a ocupação com as atividades pastorais.

Conclusão

Precisamos de um dia de repouso semanal e de toda uma justiça trabalhista que respeite o direito ao descanso. Igualmente, porque criaturas e, mais ainda, *filhos amados de Deus*, havemos de dar-lhe o máximo louvor pela participação, cheia de fé e amor, da missa dominical. À celebração eucarística se aplica, sem dúvida, a expressão do salmista: "sacrifício de louvor" (Sl 116,17; na Vulgata 115,8).

---

[47] Tomás de Aquino, II, 122.

[48] *Catecismo da Igreja Católica*, n. 2176.

[49] *Código de Direito Canônico*, cânon 1246, 1; *Catecismo da Igreja Católica*, n. 2177.

8
O quarto mandamento "Honrar pai e mãe"

LEITURA ORANTE DE ALGUNS TEXTOS BÍBLICOS

Uma publicação de Edições Loyola e CRB,[50] com o título Leitura Orante da Bíblia, traz valiosas indicações para a leitura da Palavra de Deus. Apresenta quatro degraus de tal leitura:

- *A leitura* (conhecer, respeitar, situar).
- *A meditação* (em que se pergunta: "O que o texto diz para nós?").
- *A oração* (suplicar, louvar, recitar).
- *A contemplação* (enxergar, saborear, agir).

Sem explicitar o percurso de cada um desses degraus, propomos aqui alguns textos bíblicos relativos ao quarto mandamento e sugerimos que cada um de nós experimente fazer a leitura orante desses textos naquilo que for possível.

---

[50] Conferência dos Religiosos do Brasil, São Paulo, 1990.

ALGUNS TEXTOS DO ANTIGO TESTAMENTO QUE ABORDAM O QUARTO MANDAMENTO

1. *A explicitação desse mandamento*: Êxodo 20,12: "Honra teu pai e tua mãe, para que se prolonguem os teus dias na terra que Javé teu Deus te dá". E Deuteronômio 5,16: "Honra teu pai e tua mãe, conforme te ordenou Javé teu Deus, para que os teus dias se prolonguem e tudo corra bem na terra que Javé teu Deus te dá". Percebemos, nesses textos, *a ligação entre a família e a terra que habita e, nela, a longevidade e a prosperidade*. É o único mandamento a que está ligada uma promessa. A sua observância "alcança os frutos espirituais, frutos temporais de paz e de prosperidade. Ao contrário, a não observância desse mandamento acarreta grandes danos para as comunidades e para as pessoas humanas".[51] Penso que todos nós conhecemos famílias cujos filhos causam grandes desgostos aos pais por se extraviarem e ainda por faltar o necessário diálogo entre pais e filhos. Não raro a "comunhão de amor e vida conjugal", como o Concílio Vaticano II entende o casamento,[52] *por não existir, torna inviável o bom entendimento familiar*.

Na perspectiva da Aliança que Deus fez com Israel no Sinai, *os mandamentos – todo o decálogo – são considerados estipulações para usufruir da proteção prometida por Javé ao seu povo*. Renovada e plenamente realizada em Jesus, abrange todos os que têm fé (especialmente os cristãos) *e coloca no amor de Deus e do próximo a plenitude da lei;* desse duplo amor dependem "toda a Lei e os Profetas" (Mt 22,40).

2. *O modo de manter o relacionamento devido aos pais*, conforme Deus determina, está expresso no livro Eclesiástico 3,1-16. Citamos aqui alguns desses versículos:

---

[51] *Catecismo da Igreja Católica*, n. 2200.
[52] *Gaudium et Spes*, n. 48.

– "O Senhor glorifica o pai nos filhos e fortalece a autoridade da mãe sobre a prole. Aquele que respeita o pai obtém o perdão dos pecados, o que honra sua mãe é como quem ajunta um tesouro. Aquele que respeita o pai encontrará alegria nos filhos e no dia de sua oração será atendido. Aquele que honra seu pai viverá muito, e o que obedece ao Senhor alegrará sua mãe" (v. 2-6).

– "Filho, cuida de teu pai na velhice, não o desgostes em vida. Mesmo se a sua inteligência faltar, sê indulgente com ele, não lhe faltes com o respeito, tu que estás em pleno vigor. Pois a caridade feita a um pai não será esquecida, e no lugar dos teus pecados ela valerá como reparação. No dia de tua provação, Deus lembrar-se-á de ti; como a geada ao sol, assim como os teus pecados serão dissolvidos. É como um blasfemador aquele que despreza seu pai, um amaldiçoado pelo Senhor aquele que irrita sua mãe" (v. 12-16).

Ainda os versículos 27-28 do capítulo 7 fazem-nos assim ler, meditar e orar: "Honra teu pai de todo o coração e não esqueças as dores de tua mãe. Não esqueças de que foste gerado por eles. O que lhes darás pelo que lhe deram?".

O livro dos Provérbios apresenta mais algumas sábias orientações para o relacionamento dos filhos com os pais: os filhos devem ouvir as advertências do pai e jamais levá-las à zombaria (Pv 13,1), pois "quando caminhares, te guiarão; quando descansares, te guardarão; quando despertares, te falarão" (Pv 6,22). E a experiência da história humana confirma: "Coroa dos anciãos são os netos, honra dos filhos são os pais" (Pv 17,6).

3. *Leitura do Salmo 127/128: Iluminados pelo lugar primordial do amor que o Novo Testamento* nos faz ter presente até quando lemos os livros do Antigo Testamento, podemos concluir a primeira parte desta leitura orante pelo salmo 128/127: "Felizes

todos os que temem a Javé e andam nos seus caminhos! Do trabalho de tuas mãos comerás, tranquilo e feliz: tua esposa será vinha frutuosa, no coração de tua casa; teus filhos, rebentos de oliveira ao redor de tua mesa. Assim vai ser abençoado o homem que teme a Javé. Que Javé te abençoe de Sião, e verás a prosperidade de Jerusalém todos os dias de tua vida; verás os filhos de teus filhos. Paz sobre Israel!".

TEXTOS DOS EVANGELHOS REFERENTES À VIDA FAMILIAR

1. *A preocupação com os filhos*: Jesus, ao completar 12 anos – por ocasião da Páscoa –, com Maria e José se dirigiram a Jerusalém. "Ao terminar a festa, enquanto eles voltavam, o Menino Jesus ficou em Jerusalém, sem que seus pais o soubessem. Pensando que estivesse na caravana, fizeram um dia de viagem e começaram a procurá-lo entre os conhecidos. Não o encontrando, voltaram a Jerusalém à procura dele. Após três dias, eles o encontraram sentado entre os doutores, escutando-os e fazendo-lhes perguntas" (Lc 2,43-46). "Desceu com eles (Maria e José), foi a Nazaré e *era-lhes submisso*" (v. 31a). Jesus Menino é exemplo do filho que honra pai e mãe. "Sua mãe, porém, conservava a lembrança de todos esses fatos em seu coração" (v. 51b). À semelhança de Maria, toda mãe, com o coração cheio de ternura, há de conservar a lembrança do que acontece aos filhos (do mesmo modo há de sentir o pai). E numa família impregnada da fé e amor os filhos crescem "em sabedoria, em estatura e em graça, diante de Deus e dos homens" (Lc 2,52). *Assim será o ambiente familiar cristão.*

2. *A responsabilidade dos filhos para com os pais necessitados.* Havia em Israel uma prática que contrariava o quarto mandamento. Consistia no voto que alguém fazia a Deus, oferecendo-lhe os

próprios bens como *corbã*, isto é, como oferta sagrada, tornando-os intocáveis, reservados ao tesouro do templo. Jesus censura essa prática quando impedia o socorro a pais necessitados. Ele afirma aos fariseus e a alguns escribas vindos de Jerusalém que se tinham colocado em volta dele: "Abandonais o mandamento de Deus apegando-vos à tradição dos homens... Com efeito, Moisés disse: *'Honra teu pai e tua mãe'*. Vós, porém, dizeis: Se alguém disser a seu pai ou a sua mãe: Os bens com que eu poderia te ajudar são *Corbã*, isto é, oferta sagrada, vós não o deixareis fazer mais nada por seu pai ou por sua mãe. Assim, invalidais a Palavra de Deus pela tradição que transmitistes" (Mc 7,8-13).

Convém rever nossa atitude concreta com relação aos pais envelhecidos. Eles podem estar necessitando de ajuda material. E sempre têm direito ao nosso amor e carinho.

3. *A paz familiar se constitui de amor.* E, como estamos sujeitos a falhas, entendemos a necessidade constante do perdão, conforme Mateus 18,21-22: "Pedro aproximou-se de Jesus e perguntou: *'Senhor, se meu irmão me ofende, quantas vezes devo perdoá-lo? Até sete vezes?'*. Jesus lhe responde: *'Eu te digo que não sete vezes, mas setenta e sete'*" (isto é, sempre).

Textos das Cartas Paulinas

1. *Efésios 6,1-4*: "Filhos, obedecei a vossos pais em atenção ao Senhor, pois é justo que o façais. *Honra teu pai e tua mãe*: é o primeiro mandamento, que inclui uma promessa: para que tudo te corra bem e vivas muito tempo na terra. Pais, não irriteis vossos filhos, mas educai-os na disciplina e com a exortação de Deus".

A presença do Senhor na família se concretiza no amor familiar. Este se manifesta no diálogo do esposo e esposa, dos pais com os filhos e destes com os pais. O modelo último da família é a Santíssima Trindade, em que reconhecemos a união perfeita: "Um só Deus". E na família cristã, vivenciada pelo amor, o Concílio Vaticano II reconhece a Igreja Doméstica.

2. *Efésios 5,21-33: síntese da moral doméstica.* Cito aqui o comentário do biblista Luís Alonso Schökel sobre Efésios 5,22-31:

> Texto extraordinário que a uma visão do matrimônio condicionada culturalmente sobrepõe uma simbologia que a transcende e sublima. A concepção cultural estabelece a desigualdade: o marido ama, a mulher se submete. *O símbolo consiste em extrair do Gênesis Adão e Eva como casal funcional e exemplar, para ascender ao antítipo, o Messias e a Igreja. Além disso, o símbolo estabelece um exemplo ou modelo: não são Cristo e a Igreja que reproduzem a experiência conjugal, mas é o contrário.* O Antigo Testamento preparou generosamente este símbolo com a imagem de Javé esposo e a comunidade ou a capital como esposa (Os 2; Is 1,21-25; 5,1-7; Jr 2; 3,1-5; 31,21-22; Ez 16; Is 49; 54; Br 4-5); temos de destacar a comparação audaz de Is 62,5. Os últimos capítulos do Apocalipse utilizam este símbolo para concluir o texto da Bíblia... *Quanto ao v. 26: O contexto condiciona a interpretação do batismo como purificação; mas é também consagração.* Quanto ao v. 31: segundo Gn 2,24. Sem que Paulo o diga, alguns Padres comentam que o Filho de Deus como que abandona o Pai para unir-se à sua Igreja.[53]

De fato, a união de Cristo com a Igreja é modelo e fonte de graça para o matrimônio cristão. Este é sinal desta realidade mística.

Convém atender hoje à visão do matrimônio dentro de nossa sociedade e salientar nossa compreensão cristã do mesmo à luz do símbolo proposto por Paulo: *os esposos amarem-se "como*

---

[53] SCHÖKEL, Luís Alonso. *Bíblia do Peregrino, Novo Testamento*, Ed. Paulus, 2000.

Cristo amou a Igreja e se entregou por ela" (5,25). *E ainda entender a Igreja como todos os cristãos consagrados a Deus pelo batismo.* O matrimônio cristão se compreende por referência ao mistério de Cristo com a Igreja.

– Efésios 3,15: *A família cristã recebe de Deus Pai a paternidade e o Espírito Santo traz o dinamismo interior.* "A fé nos abre e transforma em morada estável de Cristo, o amor nos dá raiz e alicerce, onde brota uma nova capacidade de conhecer e compreender o mistério."[54]

– Efésios 4,1-3: *"Exorto-vos a agir como pede vossa vocação*: com toda a humildade e modéstia, com paciência, suportando-vos mutuamente com amor, esforçando-vos por manter a unidade do espírito com o vínculo da paz". Embora o texto tenha em vista diretamente o relacionamento intereclesial, aplica-se muito bem ao relacionamento interno da família.

– 2 Timóteo 1,5: "Recordo tua fé sincera, que estava presente em tua avó Loide, depois em tua mãe Eunice, e agora tenho certeza de que está presente em ti". *O quarto mandamento em ordem à família cristã é aceito e vivido de acordo com a educação na fé.* Esta afirmação de 2Tm 1,5 completa o que lemos em Atos 16,1 sobre Timóteo, discípulo do apóstolo Paulo e que era filho de mulher judia, a qual abraçara a fé, e de pai grego.

CONCLUSÃO

Os textos do Antigo Testamento e os do Novo que apresentamos podem servir para uma leitura orante da Palavra de Deus. *E essa leitura, tornada conhecimento e revisão de vida, pes-*

---
[54] Comentário de Luís Alonso Schökel, *Bíblia do Peregrino*, N.T.

soal e familiar, sem dúvida nos ajuda a encarnar melhor o quarto mandamento na família cristã. E como esta é chamada a agir na sociedade, alguma transformação acontece dentro dela se as famílias cristãs assumirem esta transformação social com empenho e abertas a todos os que o procurarem dentro da justiça e da solidariedade.

9
O quinto mandamento "Não matarás"

O quinto mandamento da Lei de Deus geralmente é expresso desta maneira: "Não matarás" (Êx 20,13; Dt 5,17). Nós, cristãos, havemos de entender este mandamento à luz da primeira antítese colocada por Jesus ao comparar *a novidade de viver como seu discípulo* em relação à lei mosaica: "Ouvistes que foi dito aos antigos: 'Não matarás'; o homicida responderá perante o tribunal. Pois eu vos digo: 'Todo aquele que se encher de cólera contra seu irmão responderá perante o tribunal'. Quem chamar seu irmão de inútil responderá perante o Conselho. Quem o chamar de louco incorrerá na pena do fogo. Se enquanto levas tua oferenda ao altar te recordas que teu irmão tem queixa contra ti, deixa primeiro tua oferenda diante do altar, vai primeiro reconciliar-te com teu irmão e depois vai levar tua oferenda" (Mt 5,21-24).

Assim: (a) *o mandamento de "não matar" radicaliza-se na atitude interior* (Lv 19,17-18) – *de onde brota o homicídio* (Gn 4,17; 37,4.8) – *e se estende a ofensas menores*. "Inútil e louco" são insultos graves que negam ao outro a capacidade de compreender: expressam desprezo e talvez rancor, inveja, e podem conduzir a ações graves. *O castigo está escalonado: o tribunal local, o conselho nacional, o próprio Deus*. O "fogo" é o do castigo escatológico (do final dos tempos), localizado na *geena* (Is 66,15.16.24). (b) *O preceito negativo "não matar" estende-se à exigência positiva da reconciliação*, posta para dar mais ênfase em relação ao culto. O ensinamento de Jesus poderia citar textos afins (Is 1,10-20; 58,1-12; Jr 7; Eclo 34,18-22). *Observação*: este comentário a Mateus 5,21-24 é a nota ao texto correspondente na "Bíblia do Peregrino".[55]

Dois fatos que nossa fé ressalta costumam ser evocados para afirmar a dignidade da vida humana: *o primeiro fato refere-se à criação do homem por Deus; e o segundo é a Encarnação do Filho de Deus*. O homem foi criado à imagem e semelhança de Deus: "E Deus criou o homem à sua imagem; à imagem de Deus o criou; homem e mulher os criou" (Gn 1,27). Por isso, *a vida humana – na unidade de corpo e alma – é dom de Deus a ser respeitado e vivido, segundo o desígnio divino quanto à existência humana. O Filho de Deus, segunda pessoa da Santíssima Trindade, encarnou, tomando um corpo humano no seio virginal de Maria*: "Ele, apesar de sua condição divina, não fez alarde de ser igual a Deus, mas se esvaziou de si e tomou a condição de escravo, fazendo-se semelhante aos homens. E mostrando-se em figura humana, humilhou-se, tornou-se obediente até a morte, morte de cruz. Por isso, Deus o exaltou e lhe concedeu título superior a todo título, para que diante do título de Jesus todo joelho se dobre, no céu, na terra e no abismo; *toda língua* confesse para a glória de Deus Pai: *Jesus Cristo é o Senhor!*" (Fl 2,6-11). *Criação do homem e Encarnação do Verbo* (na qual já se entrevê toda ação redentora de Jesus) são duas colunas da fé cristã e de nossa espiritualidade. Apoiam, sem dúvida, a moral cristã e lhe indicam caminhos. Porém, dentro de nossa sociedade, grandemente secularizada, podemos e devemos explicitar outras fontes da dignidade da vida

---

[55] Versão de Luís Alonso Schökel, Editora Paulus, 2002.

humana corpórea, que nos levem a defendê-la mesmo quando a perspectiva religiosa não for aceita.

Mesmo prescindindo da perspectiva da fé, *a vida humana é um valor fundamental*, base de qualquer outro na intimidade de cada pessoa e nos seus relacionamentos interpessoais e sociais. Ela é o fundamento dos valores éticos. O seu valor *vai além da vida biológica, abrange a qualidade da vida humana, em todas as dimensões. Deve ser respeitada e desenvolvida*. Por isso o preceito *"não matarás"* exige o *reconhecimento prático de todos os direitos humanos*, como o magistério social da Igreja vem explicitando, sobretudo desde o Papa Leão XIII, através da Carta Encíclica *Rerum Novarum* (1891).

São contrários ao quinto mandamento: o homicídio voluntário, o aborto, o suicídio e a eutanásia, que em próximos artigos consideraremos dentro de sua complexa realidade. Ofereceremos critérios para a avaliação moral desses e outros procedimentos que afetam o quinto mandamento.

Pecados contra o quinto mandamento

Em primeiro lugar está o *homicídio voluntário e direto*. É um dos pecados que "bradam ao céu".[56] Pois a Caim, que assassinara seu irmão Abel, Deus disse: "Ouço o sangue de teu irmão, clamando para mim. Por isso és amaldiçoado por essa terra que abriu a boca para receber de tuas mãos o sangue de teu irmão" (Gn 4,10-11). Admite-se que se mate uma pessoa por legítima defesa, pois, "antes da de outrem, se está obrigado a cuidar da própria vida".[57] "A legítima defesa pode não ser somente um direito, mas um dever grave, para aquele que é

---

[56] Cf. *Catecismo da Igreja Católica*, n. 1867.
[57] *Ibidem*, n. 2264.

responsável pelo bem comum da família ou da sociedade."[58] Salientamos hoje o crime organizado, responsável por tantas mortes acompanhadas de muitas outras desordens. E ainda recentes e horrendos assassinatos ou tentativas de assassinato divulgados pelos meios de comunicação social: o assassinato dos pais de uma jovem, que tramou o crime a ser executado pelo namorado; o médico (certamente enlouquecido) que matou e esquartejou a namorada; o pai que provocou um acidente de carro, atirou o filho de um ano contra uma caminhonete e, com a ajuda da mulher, bateu a cabeça da filha de seis anos numa árvore.

A *guerra* tornou-se uma ameaça sobre o Iraque, com risco de se tornar um conflito que abrange muitos outros países. Ao mesmo tempo, a fabricação de armas altamente mortíferas contraria o quinto mandamento. A *fome* existe ainda em certas regiões do Brasil e em outras regiões do mundo. A Providência Divina suscitou recentemente em nossa pátria o programa Fome Zero, que é um primeiro passo em defesa da vida de muitos dos nossos compatriotas. Precisa ser acompanhado de outros programas que garantam os direitos fundamentais da pessoa humana, dos quais o direito à vida é o primeiro. O *suicídio* também é grave pecado contra o quinto mandamento, embora seja difícil avaliar concretamente até que ponto é um ato voluntário. Em tempos de guerra, como no período do nazismo, por exemplo, houve uma tendência de se considerar, em alguns casos, a procura da própria morte na prisão como o modo de não chegar a revelar certos segredos, sob tortura, aos adversários, com prejuízo muito sério para a nação combatente. Houve quem chamasse, nos casos extremos como esses, o suicídio como ato heroico em favor do povo. Porém não é muito seguro moralmente manter essa opinião.

---

[58] *Ibidem*, n. 2265.

É exigência do quinto mandamento cuidar da saúde própria e dos familiares. Na perspectiva social cabe à comunidade política criar condições para a manutenção e para o tratamento da saúde de todos os cidadãos. Não deveria ser necessário associar-se a um "plano de saúde" para ser bem atendido em caso de enfermidade. Convém aqui mencionar o desvelo também espiritual devido aos enfermos. Em algumas comunidades católicas existem grupos de visitadores dos doentes hospitalizados e dos que permanecem nas próprias casas em nome da Pastoral da Saúde. Eles causam grande conforto aos enfermos.

A *eutanásia* é outro pecado grave contra o quinto mandamento. "A eutanásia direta consiste em pôr fim à vida de pessoas deficientes, doentes ou moribundas. É moralmente inadmissível."[59] Porém *"a interrupção de procedimentos médicos onerosos ou desproporcionais aos resultados esperados pode ser legítima.* É a rejeição da *'obstinação terapêutica'.* Não se quer dessa maneira provocar a morte; *aceita-se não poder impedi-la.* As decisões para isso devem ser tomadas pelo paciente, se tiver capacidade para isso; caso contrário, pelos que têm direitos legais, respeitando sempre a vontade razoável e os interesses do paciente".[60] A isso alguns especialistas em moral médica chamam "direito de morrer com dignidade". Porém, "mesmo quando a morte é considerada iminente, os cuidados devidos a uma pessoa doente não podem ser legitimamente interrompidos",[61] pois se trata dos meios ordinários de assistência aos enfermos.

Convém termos presente na mente, no coração e no agir a Carta Encíclica do Papa João Paulo II, intitulada *Evangelium Vitae,* sobre o valor e a inviolabilidade da vida humana.[62] O Sumo Pontífice, ao n. 79 dessa Carta, lembra que "somos o povo da

---

[59] *Ibidem,* n. 2277.
[60] *Ibidem,* n. 2278.
[61] *Ibidem,* n. 2279.
[62] Roma, 25/3/1995.

vida, porque Deus, no seu amor generoso, deu-nos o *Evangelho da vida*, e por este mesmo Evangelho fomos transformados e salvos (...). *Somos enviados*: estar a serviço da vida não é para nós um título de glória, mas um dever que nasce da consciência de sermos 'o povo adquirido por Deus para proclamar as suas obras maravilhosas' (1Pd 2,9). No nosso caminho, guia-nos e anima-nos *a lei do amor. Somos enviados como povo*. O compromisso de servir a vida incumbe sobre todos e cada um. *É uma responsabilidade tipicamente eclesial*, que exige a ação harmonizada e generosa de todos os membros e estruturas da comunidade cristã".

Encerramos este segundo artigo sobre o quinto mandamento com estas palavras de Thomas C. Chady: "O quinto mandamento opta totalmente pela vida, para libertar o homem da morte provocada pela soberba, ambição e ganância".[63]

O DIREITO À VIDA

O Antigo Testamento já ensinava a considerar a Deus como o "Deus vivo". "Nisto reconhecereis que o 'Deus vivo' está no meio de vós" (Js 3,10). "Ele dá ânimo ao cansado e recupera as forças ao enfraquecido" (Is 40,29). Jesus afirmou: "Eu vim para que todos tenham vida e a tenham em abundância" (Jo 10,10). O Espírito Santo é "Senhor, que dá a vida".[64] Nosso Deus, uno e trino, é o Deus da vida. A vida humana é precioso dom de Deus, concedido à humanidade, que responsabiliza cada pessoa e a sociedade. É um direito usufruir da vida e ao mesmo tempo uma responsabilidade pessoal e social. Este direito se concretiza como "direito de nascer", "direito ao respeito à vida desde a sua concepção", "direito a uma vida digna" da pessoa humana.

---

[63] Em *Mandamentos, os alicerces da Nova Sociedade*. Petrópolis: Vozes, 1988, p. 44.

[64] *Credo Niceno-constantinopolitano*.

O DIREITO DE NASCER

O direito à vida inclui o direito de nascer. E este direito se refere em primeiro lugar à obrigação dos esposos a uma paternidade e maternidade responsável.

O Concílio Vaticano II reconhece o matrimônio como "a íntima comunhão de vida e de amor que o Criador fundou e dotou como suas leis (...), instaurada pelo pacto conjugal, ou seja: o consentimento pessoal irrevogável".[65] E é um sacramento. Essa comunhão de amor se ordena à procriação e educação dos filhos, "o dom mais excelente do matrimônio".[66] Isso confere aos esposos a missão da paternidade e da maternidade. E já poderíamos falar do *direito dos eventuais filhos a serem concebidos* responsavelmente e de nascer com segurança.

Paternidade e maternidade responsáveis

Conforme o ensinamento da Igreja, os cônjuges não podem recusar a missão de gerar e educar filhos. Esta recusa implicaria a recusa daquela *bênção divina* na criação: "Sejam fecundos, multipliquem-se e submetam a terra" (Gn 1,28). Porém a escolha do tempo de gerar e do número de filhos a ter depende da decisão consciente e em conjunto dos esposos. Essa decisão deve ser responsável, ponderando as condições de saúde, psicológicas e econômicas dos cônjuges, assim como o bem dos filhos já nascidos e a gerar – o bem, por isso, da própria família, da Igreja e da sociedade. Justamente nisso é que consistem a paternidade e a maternidade responsáveis.[67] No nexo entre o aspecto unitivo e o

---

[65] *Gaudium et Spes*, n. 48.

[66] *Ibidem*, n. 50.

[67] *Gaudium et Spes*, n. 50.

procriativo do matrimônio, convém considerar que *os filhos hão de ser frutos do amor* e os pais se tornam valiosos cooperadores de Deus na manutenção e no desenvolvimento da obra criada, contribuindo, ainda, pela educação, para que os filhos sejam sujeitos na construção da história humana, segundo o projeto de Deus.

Com o progresso da ciência se descobriu a existência, na mulher, do ciclo da ovulação com dias férteis e dias inférteis, que podiam ser determinados com grande probabilidade. O Papa Pio XII afirmou, no seu "discurso às parteiras", que – quando há motivos sérios – se pode usar, no relacionamento conjugal, desse conhecimento para evitar a gravidez. O Papa Paulo VI, na Encíclica *Humanae Vitae*, afirmou peremptoriamente a liceidade moral deste meio natural de conseguir a contracepção. Porém condenou – em nome da lei natural – o método de contraceptivos artificiais, a não ser por motivo terapêutico. João Paulo II, na exortação apostólica pós-sinodal *Familiaris Consortio*, reafirma a mesma posição, acentua: que a Igreja se coloca a favor da vida, por mais débil que seja, e apresenta e defende uma *visão integral do homem*, contrária a um controle indiscriminado da natalidade.

O DIREITO AO RESPEITO À VIDA HUMANA DESDE A SUA CONCEPÇÃO

O aborto é uma violência contra a vida

Aborto biológico é a interrupção da gravidez de um concepto inviável. *Aborto moral* é um aborto provocado por razões inaceitáveis. A Organização Mundial da Saúde considerou o Brasil "campeão de abortos", e o IBGE fala de mais de seis milhões de abortos ilegais anualmente no Brasil. Por trás do aborto estão o baixo nível econômico dos países da periferia (em relação aos países do centro, isto é, do primeiro mundo); o egoísmo de uma classe social mais elevada; a falta de condições econômicas de muitas famílias e pessoas; a mentalidade abortista e a cultura de morte.

Para o discernimento moral do aborto, atendamos aos seguintes pontos:

1. *É pecado pessoal*, quando procurado por ele mesmo (mãe, pai, médico, curiosa etc.). Existe a pena de excomunhão para quem provoca o aborto, desde que este produza efeito (Cânon 1398 do "Código de Direito Canônico").

2. É também *pecado social*, por exemplo, quando fruto de uma *situação de miséria* que pode levar ao desespero no caso de uma gravidez. Isto não exclui o pecado pessoal.

3. *Sério perigo de morte para a mãe*, o que hoje – pelo progresso da medicina – é raro. Nesse caso existe um apelo ao heroísmo da mãe.

4. Para as famílias e toda a sociedade, *a defesa da vida humana há de ser assumida como valor fundamental*. Decorre deste valor o direito de toda gestante ao acompanhamento médico e a toda assistência que se faça necessária.

5. *O aborto procurado não em si mesmo, mas indiretamente e por razões muito graves,* poderá ser moralmente aceitável. Por exemplo, a exigência inadiável de uma cirurgia do útero canceroso de uma mulher grávida.

A doutrina da Igreja que proíbe o aborto se baseia na lei divina e na lei natural, que excluem o direito de matar diretamente um homem inocente. E, ainda, desde a concepção, estamos diante de uma vida humana inocente. A Igreja distingue entre a firme condenação do aborto e a misericórdia de que se reveste para acolher a pessoa que aborta, sobretudo quando age em circunstâncias carregadas de dramatismo, lembrando o profeta Oseias e o Evangelho: "Eu quero misericórdia e não sacrifício" (Os 6,6; Mt 9,13).

Conclusão

Como conclusão, falamos sumariamente do "direito a uma vida digna" da pessoa humana. Cada pessoa foi criada à "imagem e semelhança de Deus" (Gn 1,26). E foi remida pelo sangue de Cristo derramado na cruz. Em Cristo, todos os homens são chamados a serem "filhos adotivos de Deus" (Ef 1,5) e a colaborarem como sujeitos na construção de uma sociedade justa e fraterna, tudo colocando sob Cristo Senhor (Ef 1,9-10). Em tal sociedade, todos os homens – como pessoas humanas – têm os mesmos direitos, para que possam viver uma vida digna segundo o projeto de Deus. Recordo aqui os direitos humanos explicitados pelo Papa João XXIII: direito à existência e a um digno padrão de vida; direito ao respeito à própria dignidade e à boa fama; direito à pesquisa da verdade; direito de prestar culto a Deus; direito à liberdade na escolha do próprio estado de vida; direito à reunião e associação; direito à migração; direitos políticos.[68]

---

[68] Encíclica *Pacem in Terris*.

10
O sexto mandamento
"Não pecar contra a castidade"

"Não cometerás adultério" (Êx 20,14)

O modelo de família que os meios de comunicação social apresentam é uma degradação do projeto de Deus sobre o casamento e a família. Certas novelas mostram o divórcio e a infidelidade conjugal como "normais". O que aparece como *amor* equivale a uma *paixão* que, para se satisfazer, não admite barreiras. Essa maneira de pensar infiltra nas mentes até dos que se dizem cristãos. Há casais em que o esposo e a esposa se dão plena liberdade: tanto o homem como a mulher podem ter relações sexuais com outra pessoa, contanto que apareçam como esposo e esposa dentro de casa e nas recepções sociais. É o adultério admitido, desde que se salvem as aparências. Falta conhecer e, mais ainda, viver o sentido cristão do matrimônio.

O Concílio Vaticano II (1962-1965) expressa muito bem este significado contido na Palavra de Deus já no Antigo Testamento. A primeira narrativa da criação conta que Deus "criou o homem à sua imagem e os criou homem e mulher" (Gn 1,27); a segunda narrativa reconhece o homem e a mulher, movidos por um forte atrativo, para se tornarem "uma só carne" (Gn 2,24).

A esse desígnio de Deus, Jesus se reporta ao negar a liceidade do divórcio e declara: "O que Deus uniu o homem não separe" (Mc 10,9; Mt 19,6). O Concílio Vaticano II assume a concepção personalista do matrimônio e o denomina "comunhão de vida e amor conjugal" entre um homem e uma mulher. Estes fazem uma Aliança irrevogável, à semelhança da Aliança que Israel viveu como experiência histórica no Antigo Testamento.[69] *No Novo Testamento, o matrimônio cristão se torna sinal sacramental do "conúbio de Cristo com a Igreja".* É o que fala o Apóstolo São Paulo: "Maridos, amai vossas esposas como Cristo amou a Igreja e se entregou por ela" (Ef 5,25). E acrescenta: "Esse mistério é grande; eu me refiro a Cristo e à Igreja" (Ef 5,32).

Na perspectiva do Novo Testamento, toda forma de relacionamento entre os esposos há de ser interiorizada: é a partir do coração que se exterioriza o bem ou o mal. Assim *a fidelidade existe, antes de tudo, no profundo do ser e se manifesta em todas as dimensões da vida dos cônjuges.* Pois o matrimônio cristão é "comunhão de vida e amor conjugal" e se alimenta do diálogo, da convivência na vida familiar, da motivação da própria vida social dos esposos.

Assim, *a infidelidade conjugal não consiste apenas no ato físico de uma união extramatrimonial,* mas já se encontra em outras formas de infidelidade que contrariem a comunhão de vida e de amor conjugal. Jesus afirma: "todo aquele que olha com desejo libidinoso para uma mulher já cometeu adultério em seu coração" (Mt 5,28). E quanto à procura de uma nova união conjugal, após a separação dos esposos de um primeiro casamento, Jesus chama de adultério (Mc 10,11-12; Mt 19,9; Lc 16,18). E, sem dúvida, *qualquer relacionamento sexual de uma pessoa casada com outro parceiro, casado ou solteiro, é adultério e, por isso, gravemente pecaminoso.*

---

[69] Constituição *Gaudium et Spes*, n. 47.

A convivência normal entre homens e mulheres na sociedade não contraria a fidelidade, desde que não se cultive a infidelidade interior conforme advertiu Jesus no Evangelho (Mt 5,28). No entanto, poderá haver ocasiões em que seja necessária uma ruptura de relacionamentos, quando estes se tornarem um risco próximo de infidelidade. Isto vale para a mulher e para o homem.

Os esposos cristãos devem ser *capazes de perdão e reconciliação*, quando descobrem que são traídos. Sem perdão e reconciliação, não existe vida cristã.

A VIRTUDE DA CASTIDADE I

Consiste a castidade na integração da sexualidade na pessoa, em amor. Reconhecendo a sexualidade como uma dimensão da natureza humana, cada um de nós há de assumi-la de acordo com o *projeto de Deus a respeito do ser homem ou do ser mulher* em resposta ao Deus Criador, que é o Deus-Amor. E a sexualidade não se reduz à genitalidade. Cada célula de nosso organismo é sexuada – é masculina ou feminina. E o é não apenas para a geração de novos seres humanos, mas em todas as dimensões de nossa pessoa: a dimensão biológica, a psicológica e a espiritual. Não há nada de vergonhoso em sermos sexuados. Respondemos aos apelos de Deus em ordem à criação.

É indispensável uma integração da sexualidade em cada dimensão da própria pessoa, em amor. A criança e o adolescente serão orientados a lidar com a própria sexualidade de acordo com sua faixa etária: os cuidados higiênicos, o respeito e o saber que Deus é o autor último do nosso corpo. *Saber, na perspectiva da fé cristã, que o corpo é o templo do Espírito Santo* (1Cor 6,19) e tem funções dentro da vida humana durante nossa peregrinação terrestre. Isto – esta educação – há de se fazer na simplicidade, com verdade e amor.

A dimensão psicológica requer que se utilize, na prática, mesmo sem conhecer a teoria, a psicologia para a devida orientação de cada pessoa de acordo com o aparecimento dos sentimentos e das emoções. Requer também que sempre se dê uma visão positiva da sexualidade. É necessário respeitar as outras pessoas, na convivência cotidiana e, oportunamente, conhecer o significado da doação recíproca do esposo e da esposa dentro do matrimônio. Cada qual deverá saber respeitosamente o significado e a profundidade do relacionamento conjugal, as alegrias que Deus coloca em tal conveniência se vivida em amor, que *encontra o modelo no amor de Cristo pela Igreja* (Ef 5,25). E a presença da graça divina na vida matrimonial oferecida pelo sacramento do matrimônio não pode ser esquecida.

A dimensão espiritual leva-nos a cultivar a fé, fazendo do uso da sexualidade uma resposta a Deus, que fez o ser humano *sexuado*, que abençoa as alegrias da intimidade conjugal sem destruir o *eros*, mas purificando-o do simples egoísmo. Aperfeiçoando e aprofundando a *filia* (amor de amizade) entre os esposos, na recíproca doação dos mesmos, e levando ao *ágape* – amor purificado do simples egoísmo, também na vida matrimonial.

A castidade no casamento é *a castidade conjugal* que em nada impede as emoções humanas da sexualidade, mas as aperfeiçoa e santifica. *E assim se pode cultivar uma espiritualidade conjugal, na certeza de que, com a graça divina sacramental, pais e filhos se tornam a Igreja Doméstica, integrada na comunidade eclesial, estando aberta e ativa dentro da sociedade.*

A castidade faz os jovens terem um comportamento digno e respeitoso antes do casamento, sem antecipar o que é próprio da vida matrimonial, no relacionamento homem/mulher. E há de se valorizar como dom (1Cor 7,7) o celibato, quando assumido por causa do reino de Deus (Mt 19,12). E, consequentemente, deve-se sempre reconhecer *o valor da virgindade consagrada* na vida religiosa, desde que para isso se conte com a graça divina e uma orientação segura.

A VIRTUDE DA CASTIDADE II

1. Consiste na integração da sexualidade na pessoa, em amor. O *Catecismo da Igreja Católica* assim se expressa a esse respeito: "A castidade significa a integração da sexualidade na pessoa e com isso a unidade interior do homem em seu ser corporal e espiritual. A sexualidade, na qual se exprime a pertença do homem ao mundo corporal e biológico, torna-se pessoal e verdadeiramente humana quando é integrada na relação de pessoa a pessoa, na doação mútua integral e temporalmente ilimitada do homem e da mulher".[70]

"A virtude da castidade comporta, portanto, a integridade da pessoa e a integridade da doação."[71]

"A pessoa casta mantém a integridade das forças vitais e de amor depositadas nela. Esta integridade garante a unidade da pessoa e se opõe a todo comportamento que venha feri-la; não tolera nem a vida dupla nem a linguagem dupla."[72]

2. "A castidade comporta uma *aprendizagem do domínio de si*, que é uma pedagogia da liberdade humana. A alternativa é clara: ou o homem comanda as paixões e obtém a paz, ou se deixa subjugar por elas e se torna infeliz. 'A dignidade do homem exige que ele possa agir de acordo com uma opção consciente e livre, isto é, movido e levado por convicção pessoal e não por força de um instinto cego ou debaixo de mera coação externa. O homem consegue esta dignidade quando, libertado de todo cativeiro das paixões, caminha para seu fim pela escolha livre do bem e procura eficazmente os meios aptos com diligente aplicação'."[73]

---

[70] *Catecismo da Igreja Católica*, n. 2338.
[71] *Ibidem*.
[72] *Ibidem*, n. 2338.
[73] *Ibidem*, n. 2339.

3. *A castidade deve ser compreendida a partir de uma correta antropologia da sexualidade* (...). Ela aparece como *o dinamismo moral mediante o qual o sujeito personaliza o significado positivo da sexualidade,* (...) *explicita na "tarefa ética" a realização ou o ser da sexualidade humana.* É uma *força e dimensão* para a *edificação da pessoa.* É necessário *converter esse "é" em "deve ser"* (tarefa). *Assim aparece uma moral sexual centrada na pessoa.*

A dimensão moral positiva da sexualidade consiste na "personalização" desta dentro da personalidade humana; exprimindo mesmo de maneira simples, diríamos que um comportamento é bom (moralmente falando) se "personaliza" ou tende a personalizar o homem. Isso supõe que esse comportamento está "integrado" no conjunto harmônico da pessoa. Observe-se que uma *Moral sexual cristã* entende essa pessoa a partir de coordenadas novas, as da revelação cristã: *é uma pessoa cristianizada.*

Ao compreender a castidade como trabalho responsável de integração harmônica da pessoa, atribui-se a essa virtude o papel de desenvolver os significados da sexualidade numa concepção integrada da personalidade humana e cristã.

A personalidade humana só se realiza a partir de uma unidade hierarquizada que engloba todos os níveis (intelectivo, psicoafetivo, instintivo) do comportamento individual.

Por personalidade entendemos o conjunto ordenado, equilibrado e disciplinado de reservas dinâmicas, consciente e livremente integradas pelo "eu" interior. Consequentemente, a personalidade não pode pôr-se no início como ponto de partida de que dependem os rasgos do caráter e do comportamento, mas deve ser considerada como ponto de chegada, meta, como consequência da educação recebida e tornada própria pelo sujeito. Portanto, a personalidade é fruto de uma liberdade que integra em nós as tendências e os impulsos vitais – impondo assim uma disciplina à natureza interior – e que hierarquiza as energias em vez de sofrê-las como uma fatalidade, transformando-as em elementos preciosos de vocação pessoal. Ao ter em consideração a dinâmica da personalidade e ao centrar nela o núcleo da tarefa moral, temos de admitir dois princípios básicos para a moral sexual: o princípio da diferenciação e o princípio da progressão. O primeiro recorda-nos que toda pessoa é um sistema único e que não é inteiramente abrangível por nenhum esquema pré-fabricado; a regra objetiva é necessária, mas há de ser aplicada tendo em conta o caráter irrepetível da pessoa. O segundo lembra-nos de que a personalidade está submetida ao processo de amadurecimento; a orientação fundamental de uma vida necessita de um processo longo e profundo de maturação para alcançar a posse plena de si mesma.

4. A castidade, por último, realiza-se através de um conjunto de vias ou dinamismos mediante os quais a sexualidade se integra na globalidade da pessoa. Se entendermos o ser humano como uma "totalidade concreta, estruturada e dinâmica", é necessário entender a maturação sexual da pessoa a partir de três dinamismos:
4.1. Desenvolvimento diferencial – em tempo e objeto imediato – do leque das necessidades, tendências e aspirações humanas.
4.2. Unificação totalizadora das mesmas num único projeto de vida, concebido a partir da clara aceitação dos seus ideais e com o ambiente circundante.
4.3. Projeção dinâmica – a partir da autopossessão ativa de sua forma peculiar de vida –, entrega ou doação que objetivam a auto-realização pessoal: dir-se-ia que a personalidade madura transforma a receptividade, própria da indigência do ser em vias de desenvolvimento, em oblatividade ou doação liberal de si mesmo. Assim se põe ao serviço do mundo dos valores e, sobretudo, dos outros e da comunidade.

5. *Divisão da castidade*, segundo grau de perfeição com que se pratica, em "perfeita" (abstenção de toda atividade procriadora, mesmo da atividade lícita no matrimônio) e "imperfeita"

(abstenção dos atos venéreos ilícitos). Esta divisão *supervaloriza o aspecto biológico; tem de ser suprimida numa concepção integral da sexualidade*.

Nota-se uma infravalorização da castidade matrimonial, a partir da concepção biologicista da castidade como moderação da faculdade procriadora. Nesta concepção se tornaria difícil a afirmação de que a moral cristã defende – segundo a qual "a castidade matrimonial é uma virtude propriamente dita – um meio de santificação do matrimônio e uma fonte de méritos para os cônjuges desde que existam as condições necessárias".[74]

Além disso, o reducionismo biologicista da castidade levaria a entender por castidade a não satisfação do impulso sexual. Da não satisfação passaria à intenção de suprimir ou, pelo menos, não querer ter em conta esse impulso humano. E, por último, chega-se à concepção da castidade como frustração de algo que se deseja de mais íntimo.

A compulsividade tem levado a noção de castidade a olhar a sexualidade como algo "proibido" ou "pecaminoso" numa ambientação moral de sinal tabuístico. Até as satisfações socialmente aceitas são tomadas como concessão ou um mal menor. Consequentemente, a castidade levaria em si um matiz de obsessão mais ou menos neurotizante, de caráter repressivo.

No puritanismo dessa concepção a castidade representaria o triunfo do espírito sobre a carne, a "virtude angélica". Nisto se verifica um pseudoangelismo, que pode acarretar um desprezo e até uma tendência destrutiva, masoquista, da corporalidade do ser humano.

Por isso tudo, há de se entender a castidade como *força em ordem à personalização*. Exige sim o autodomínio, fruto do Espírito, em ordem ao equilíbrio da pessoa que:

---

[74] Cf. *Humanae Vitae*, Carta Encíclica de Paulo VI.

– reconheceu sua condição humana sexuada;
– procura integrar a sexualidade na própria pessoa em amor e assume essa integração no relacionamento com as outras pessoas;
– vive a castidade de acordo com o estado de vida que abraçou ou de passagem, ou como escolha definitiva – solteiro ou casado –, ou ainda como opção de vida consagrada a Deus e aos irmãos, conservando, com liberdade, o celibato.

Observação: os itens do n. 3 e seguintes se apoiam no verbete "Castidade", do "Dicionário de Moral", cujo autor é o teólogo moralista Maciano Vidal, publicado em Aparecida pela Editora Santuário.

11
O sétimo mandamento "Não roubarás"

O sétimo mandamento do decálogo se expressa deste modo no Antigo Testamento: "Não roubarás" (Êx 20,15; Dt 5,19). Em Mateus 19,18, na resposta de Jesus ao jovem rico que interroga sobre os mandamentos, também se encontra com essas mesmas palavras: "Não roubarás". Para avaliarmos a força desse mandamento, hoje, convém ter presente *o direito de propriedade,* sempre iluminado por uma reta *concepção de justiça.* O pensamento social da Igreja há de *ser salientado* dentro de nossa realidade. *Os pecados contra o sétimo mandamento e o dever de restituição devem ser lembrados.*

O DIREITO DE PROPRIEDADE

Podemos conservar – para compreender hoje o direito de propriedade – os três níveis tradicionalmente admitidos:

1. O nível antropológico.
2. O nível ético.
3. O nível sociojurídico.

1. Aceitamos facilmente o nível antropológico, a partir da nossa fé na obra criadora de Deus: "Deus criou o homem à sua imagem, homem e mulher os criou". Deus os abençoou e lhes disse: "Sede fecundos, multiplicai-vos, enchei a terra e *submetei--a*" (Gn 1,27-28). O homem recebeu de Deus o mandato de exercer o senhorio sobre a terra e toda a criação. *É o direito de propriedade em nível antropológico,* por ser pessoa humana criada à imagem de Deus com a incumbência de "submeter a terra" conforme o projeto criador de Deus. *No nível antropológico,* ainda reconhecemos o homem – "imagem de Deus" e por Ele criado – como *filho de Deus,* expressão que será mais clara no Novo Testamento, pois Jesus nos ensina a chamar a Deus de Pai – Pai nosso –, e o ensinamento dos apóstolos também no-lo faz saber. Paulo escreve aos cristãos da Galácia: "Quando chegou a plenitude do Tempo, enviou o seu Filho, nascido de mulher, nascido sob a Lei, para resgatar os que estavam sob a Lei, a fim de que recebêssemos a adoção filial" (4,4s.). E João, em sua Primeira Carta: "Amados, desde já somos filhos de Deus, mas o que seremos ainda não se manifestou" (3,2). Somos, ainda, *irmãos dos outros homens,* igualmente criados à imagem de Deus e chamados a viver a filiação divina em Cristo. É como filho de Deus – filho que tem muitos irmãos – que o homem há de entender o direito de propriedade.

2. O nível ético da propriedade vem explícito na constituição pastoral *Gaudium et Spes,* n. 69, do Concílio Vaticano II: "Deus destinou a terra com tudo o que ela contém para uso de todos os homens e povos; de modo que os bens criados devem chegar equitativamente às mãos de todos, segundo a justiça secundada pela caridade. Sejam quais forem as formas de propriedade, conforme as legítimas instituições dos povos e segundo as diferentes e mutáveis circunstâncias, *deve-se atender a este destino universal dos bens*". Este destino universal dos bens é pensamento

e ensinamento cristão desde os Padres da Igreja. São Basílio (séc. IV) já advertia que *as vestes guardadas por estarem sobrando não são nossas, mas pertencem aos que delas necessitam*. Tomás de Aquino (séc. XIII) afirma que é necessário e lícito ao homem possuir bens como próprios, por três razões: para que empregue e faça frutificar os bens com maior cuidado; para que se evite a confusão que viria de uma atribuição deficiente de titularidade do possuído; para que se mantenha melhor a paz social.[75] Por isso, "a base da legitimidade da propriedade privada está na finalidade social do melhor uso, melhor distribuição; da paz social".[76]

3. Entretanto, a realidade socioeconômica foi evoluindo, muitas vezes de modo conflituoso. O capitalismo acabou desligando o capital do trabalho, prosperando pela força do lucro, reduzindo o homem a um instrumento, e não verdadeiramente sujeito e fim da atividade econômica. Por outro lado, a propriedade coletivista anula a função personalizadora da dimensão humana de propriedade. A doutrina social da Igreja, que alguns atualmente preferem denominar "pensamento social da Igreja", desde Leão XIII se pôs a serviço da justiça social (embora esta denominação seja posterior a ele) em favor dos oprimidos ou excluídos dos bens produzidos pelo trabalho e pela técnica. Consciente das transformações que se verificam na sociedade mundial, a doutrina social da Igreja descobre a *necessidade de se colocar a serviço dos direitos humanos*, combatendo radicalmente as exclusões.

É dentro da realidade das mudanças que *deve surgir o caminho de esperança*. No contexto dessa complexa realidade deve-se situar o sétimo mandamento: sempre salientando os direitos fundamentais da pessoa humana.

---

[75] Cf. *Suma Teologica* II – II, q. 66 e q. 77, a. 4.

[76] CHIAVACCI, E., verbete "Propriedade", em *Dicionário de Teologia Moral*, São Paulo: Ed. Paulus, 1997.

O PENSAMENTO SOCIAL DA IGREJA

Para avaliar o sétimo mandamento na perspectiva cristã, veremos um pouco *o pensamento social da Igreja sobre a propriedade.*

Antes de falar sobre o direito à propriedade, lembramos aqui o Papa Gregório XVI que, no século XIX, "condenava a escravidão dos indígenas e o comércio de pessoas humanas para serem escravos".[77] *Não existe direito de propriedade sobre as pessoas humanas. Nem tampouco o trabalho é uma mercadoria.* É expressão do homem, cuja dignidade há de ser respeitada. O operário "deve fornecer integralmente e fielmente todo o trabalho a que se comprometeu por contrato livre e conforme a equidade", e os patrões devem dar o salário justo, sem jamais "explorar a pobreza e miséria e especular com a indigência".[78] O Papa Pio XI – na Encíclica *Quadragesimo Anno,* de 15/5/1931 – apresenta três exigências para poder-se considerar justo o salário:

– *O sustento do operário e da família:* ele afirma que, se isto não é possível, a justiça social exige reformas "para que possa assegurar-se um tal salário a todo operário adulto".

– *A situação da empresa:* "É preciso atender ao empresário e à empresa para determinar a importância do salário. (...) Mas se a deficiência dos lucros dependesse da negligência, inércia ou descuido em procurar o progresso técnico e econômico, *não seria essa uma causa justa para cercear a paga aos operários.* Se, porém, a causa de a empresa não render quanto baste para retribuir aos operários equitativamente são contribuições injustas ou o se ver forçada a vender os artefatos por um preço inferior ao justo, os que assim a vexam tornam-se réus de culpa grave; pois que privam do justo salário os trabalhadores, que, forçados pela necessi-

---
[77] Carta Apostólica *In Supremo,* de 3/12/1839.
[78] Leão XIII, Encíclica *Rerum Novarum,* n. 12, de 15 de maio de 1891.

dade, se veem obrigados a aceitar uma paga inferior à devida" (n. 72). Por isso, "trabalhem, de comum acordo, operários e patrões para vencer as dificuldades e os obstáculos e sejam, em obra tão salutar, ajudados prudente e providamente pela autoridade pública" (n. 73). Mas se apesar de tudo os negócios correrem mal, será então o caso de ver se a empresa poderá continuar ou se será melhor prover aos operários de outro modo. Nessas gravíssimas conjunturas é, mais que nunca, necessário que reine e se sinta, entre operários e patrões, a concórdia cristã.

– *Exigência do bem comum.* A grandeza do salário deve ser proporcionada ao bem da economia pública. Já dissemos quanto importa ao bem comum que os operários e oficiais possam formar um modesto pecúlio com a parte do salário economizada. Mas não podemos passar em silêncio outro de igual importância e grandemente necessário nos nossos tempos: *que todos os que têm vontade e força possam encontrar trabalho.* Ora, isso depende em grande parte da determinação do salário, que será vantajosa, se bem-feita, ou se tornará nociva, se exceder os devidos limites. É, portanto, contra a justiça social diminuir ou aumentar demasiadamente os salários em vista só das próprias conveniências e sem ter em conta o bem comum. A mesma justiça exige que, em pleno acordo de inteligências e vontades, quanto possível, regulem-se os salários de modo que o maior número de operários possa encontrar trabalho e ganhar o necessário para o sustento da vida. "É também importante para o mesmo efeito *a boa proporção entre as diversas categorias de salários*; com a qual está intimamente relacionada a justa proporção entre os preços de venda dos produtos das diversas artes, como a agricultura, a indústria etc. Se tudo isso se observar como convém, as diversas artes se unirão e se organizarão num corpo único e social, que será capaz de obter os seus fins, *quando todos e cada um tiverem todos os bens que as riquezas naturais, a arte técnica e a boa administração econômica podem proporcionar*" (n. 75).

Mais recentemente temos a palavra dos Papas Pio XII, João XXIII, Paulo VI e João Paulo II, que reforçam a necessidade de a propriedade atender às exigências sociais para poder dizer-se justa. Pio XII, na véspera do Natal de 1942, fala das normas fundamentais da ordem interna dos Estados e dos povos, como elemento integral para convívio pacífico e colaboração internacional. Lembra a *dignidade e os direitos da pessoa humana*. Cita esses direitos: "O direito de manter e desenvolver a vida corporal, intelectual e moral e particularmente o direito ao culto de Deus, particular e público, incluindo a ação da caridade religiosa; o direito, máximo ao matrimônio e à consecução do seu fim; o direito ao trabalho como meio indispensável para manter a vida familiar; o direito à livre escolha de estado, também sacerdotal e religioso; o direito ao uso dos bens materiais, consciente dos seus deveres e das limitações sociais.[79]

Do papa João XXIII lembramos duas encíclicas a serem consideradas com ênfase: *Mater et Magistra* (15/5/1961) e *Pacem in Terris* (20/5/1963). A primeira afirma que "a doutrina social cristã é parte integrante da concepção cristã da vida" (n. 221). Não basta que se receba apenas "instrução social, mas também educação social" (n. 227). Há o direito de propriedade privada, porém respeitando a função social, pois "os bens da terra são primordialmente destinados à subsistência de todos os seres humanos" (n. 118). Na encíclica *Pacem in Terris*, ele ainda fala da necessidade de *ter sempre em vista o bem comum*, tanto na propriedade privada quanto nos bens públicos (n. 55-74).

O Papa Paulo VI, na encíclica *Octogesima Adveniens* (14/5/1971), declara: "Deve ser instaurada uma maior justiça pelo que se refere à repartição dos bens, tanto no interior das comunidades nacionais como no plano internacional" (n. 431).

---

[79] Radiomensagem "Con Sempre Nuova Freschezza", n. 34.

O Papa João Paulo II, na encíclica *Centesimus Annus* (1/5/1991), reafirma, em consonância com a doutrina social da Igreja, o direito à propriedade privada e o destino universal dos bens (n. 30-43).

No Brasil, quando os sem-terra (MST) fazem invasões para conseguir terra em que possam morar e cultivar, quando tribos indígenas também querem retomar terras como sendo sua propriedade, coloca-se o problema: *Quem tem o legítimo direito de propriedade?* Os que se dizem donos por terem comprado inúmeras terras ou aqueles que precisam de propriedade para residir, cultivar e viver? Quem está pecando contra o sétimo mandamento? Os responsáveis pela legislação precisam examinar em que se baseia o direito de propriedade e o destino universal dos bens da criação em favor de todos.

ROUBO E RESTITUIÇÃO

A moral cristã ensina que o roubo acarreta o dever da restituição. Pois "o roubo é a usurpação do bem de outro contra a vontade razoável do proprietário".[80] E, *em virtude da justiça comutativa, o bem que se rouba deve ser restituído ao legítimo proprietário*. Devemos ter presente, para reta avaliação moral, o direito de propriedade particular ou pública.[81]

1. Os bens do povo

Frequentemente ficamos sabendo de fraudes dos bens públicos. "Estimativas do Ministério Público indicam que, de cada R$ 4,00 destinados ao Fundo de Manutenção e Desenvolvimento do Ensino Fundamental e Valorização do Magistério (Fundef), R$ 3,00 são

---

[80] *Catecismo da Igreja Católica*, n. 2408.

[81] Cf. os artigos publicados na revista Unidade, n. 30: "Não Roubarás" e na revista n. 31: "Pensamento Social da Igreja".

desviados e apenas R$ 1,00 é corretamente aplicado".[82] Essa notícia ocupa a página toda, fornecendo pormenores explicativos de como se realizam esses desvios da verba destinada à educação. Para se efetuar a restituição é indispensável a atuação dos poderes públicos competentes, a pressão popular e o anúncio do sentido da justiça em favor do povo. A omissão é gravemente pecaminosa. Lembremos ainda a realidade do que aconteceu, ultimamente, quanto à tentativa de se fazer uma CPI sobre o bingo. Não se trata, neste caso, de dinheiro propriamente administrado pelo poder público, mas está ligado ao dinheiro do povo e poderia estar servindo a fins completamente ilícitos.[83]

2. Como cidadãos conscientes

Contrário ao sétimo mandamento seria *deixar de pagar os impostos justos*. Porém existe também a obrigação de, como cidadãos conscientes, participar das reivindicações de movimentos populares em favor de uma distribuição justa dos rendimentos da nação. De lutar pela criação de empregos para todos. De ter e ajudar para que se tenha uma consciência aberta para discernir os pecados sociais presentes e atuantes na sociedade.

3. Respeito à integridade da criação

É dever de todo ser humano manter respeito à integridade da criação. "Os animais, assim como as plantas e os seres animados, estão naturalmente destinados ao bem comum da humanidade passada, presente e futura. O uso dos recursos minerais, vegetais e animais do universo não pode ser separado do respeito pelas exigências

---

[82] Jornal *O Estado de São Paulo*, 11 de abril de 2004, p. A12.

[83] Cf. o jornal *O Estado de São Paulo*, 12 de abril de 2004, p. A6.

morais. *O domínio dado pelo Criador ao homem sobre os seres inanimados e os seres vivos não é absoluto*; é medido através da preocupação pela qualidade de vida do próximo, inclusive das gerações futuras; exige um respeito religioso pela integridade da criação."[84]

São Francisco de Assis é conhecido modelo de carinho para os seres da natureza criada por Deus. Vejo uma bênção divina às pessoas que, desde crianças, são admiradoras da criação e, consequentemente, respeitadoras. Com razão se criticam aqueles que têm preocupação com animais – como um cachorrinho – e estão fechadas para os seres humanos que passam fome. Entretanto, infelizmente, existem os que maltratam os animais e não se abrem aos irmãos humanos, os "sofredores", como a antiga OAF (Organização de Auxílio Fraterno) denominava essas pessoas sem-teto que acabam vivendo nas ruas, principalmente nos grandes centros. "NÃO ROUBARÁS." Este mandamento há de ser proclamado bem alto para todas as camadas da sociedade. Tudo o que se esbanja em futilidades precisa ser restituído aos pobres e necessitados, pois os bens recebidos de Deus têm uma função social.

Por outro lado, é necessário que a partilha seja organizada, na comunidade, para que seja eficiente. É a conhecida máxima popular: *não só dar o peixe, mas também ensinar a pescar*.

Conclusão

"É legítimo servir-se dos animais para a alimentação e a confecção das vestes. Podem ser domesticados para ajudar o homem em seus trabalhos e lazeres. Se permanecerem dentro dos limites razoáveis, os experimentos médicos e científicos em animais são práticas moralmente admissíveis, pois contribuem para curar ou poupar vidas humanas."[85]

---

[84] *Catecismo da Igreja Católica*, n. 415.
[85] *Catecismo da Igreja Católica*, n. 2416.

12

O oitavo mandamento
"Não apresentarás falso testemunho"

Em Êxodo 20,16 lemos: "Não apresentarás falso testemunho contra o teu próximo". Para entender melhor este, que é o oitavo mandamento, refletiremos, em primeiro lugar, sobre a *veracidade* pela qual havemos de fazer uma profunda opção. Em outro artigo veremos as principais ofensas à veracidade.

A *veracidade* é um dos pilares básicos da moral cristã e já o era na moral judaica. Nossa opção há de ser, em qualquer situação, pela verdade e, consequentemente, pela veracidade. Jesus declarou: "Eu sou o caminho, a *verdade* e a vida" (Jo 14,6). E ainda: "A verdade vos libertará" (Jo 8,32). A veracidade "é a virtude que consiste em mostrar-se verdadeiro no agir e no falar, guardando-se da duplicidade, da simulação e da hipocrisia".[86] Por isso, contém uma *vontade de verdade*, a qual penetrará todo agir verdadeiramente humano, dando sentido ao respeito para com todos. "Esta vontade de verdade deve concretizar-se na maneira de viver a vida pessoal e a relação interpessoal. Esta vontade de verdade há de manifestar-se, sobretudo, na vida pública. É aqui

---
[86] *Catecismo da Igreja Católica*, n. 2468.

que se põe à prova, no mundo atual, o valor da verdade".[87] Assim deverá realizar-se "nos meios de comunicação social; nos sistemas de propaganda, publicidade; no interior das instituições, como, por exemplo, na própria Igreja. *Outro âmbito importante é o do respeito pela opinião alheia*".[88] Inclui também a fidelidade a Deus e à comunidade enquanto esta buscar, de fato, o bem comum. Exige honestidade e sinceridade quanto à própria pessoa.

Pe. Bernhard Häring, um dos grandes renovadores da teologia moral no século XX, chama a nossa atenção a algumas ameaças à veracidade. Ele adverte: "Ele (o homem) pode ser dirigido pelo fluxo dos acontecimentos e pela superficialidade da multidão, da massa. Pode comprometer a verdade e sua capacidade para a verdade por causa da própria inércia que tão frequentemente celebra o triunfo do *status quo* (a sua própria situação de bem-estar) e das doutrinas estereotipadas".[89] *Para que a veracidade tenha bom fundamento, necessita da consciência crítica para analisar e avaliar o que aparece como realidade.*

Santo Tomás de Aquino afirma: "Os homens não poderiam viver juntos se não tiverem confiança recíproca, quer dizer, se não manifestarem a verdade uns aos outros. A virtude da verdade devolve ao outro o que lhe é devido. *A veracidade observa um justo meio entre o que deve ser expresso e o segredo que deve ser guardado, implica a honestidade e a discrição".*[90] Jesus declarou a Pilatos: "Para isto nasci e para isto vim ao mundo: para dar testemunho da verdade. Quem é da verdade escuta a minha voz" (Jo 18,37). "O *martírio* é o supremo testemunho à verdade da fé; designa um testemunho que vai até a morte. O mártir dá testemunho de

---

[87] VIDAL, Marciano, *Dicionário de Moral*, verbete "Veracidade", Aparecida-SP: Ed. Santuário, p.661.

[88] *Idem, Ibidem.*

[89] Cf. B. Häring, *Livres e Fiéis em Cristo*, vol. II, São Paulo: Ed. Paulinas, p. 30, tradução do original alemão de 1979.

[90] *Catecismo da Igreja Católica*, n. 2469.

Cristo, morto e ressuscitado, ao qual está unido pela caridade. Dá testemunho da verdade da fé e da doutrina cristã. Enfrenta a morte num ato de fortaleza."[91]

A palavra de Deus é a verdade, sua lei, liberdade. Por isso, na leitura da palavra de Deus, nós aprendemos – sempre mais – a verdade que Deus revelou e, com a graça divina, teremos luz e força para vivermos segundo a verdade e sermos em tudo verazes. "Seja o vosso sim, *sim*, e o vosso não, *não*; o que passa disso vem do Maligno" (Mt 5,37).

Seja o vosso sim, *sim*

Jesus falou no Sermão da Montanha: "Seja o vosso sim, *sim*, e o vosso não, *não*. O que passa disso vem do Maligno" (Mt 5,37). Depois de ter escrito sobre a veracidade, numa apresentação positiva do oitavo mandamento – "Não apresentarás falso testemunho", tratamos aqui das ofensas à verdade. Rapidamente nos referiremos a estes itens: a mentira, o falso testemunho, a motivação pela qual se diz uma mentira e a caracteriza, o segredo e algumas particularidades em relação à mentira. E, no fim, haverá uma conclusão.

1. *A mentira*

A mentira é uma linguagem contrária ao próprio pensamento, com vontade de enganar.

A falsidade, no Antigo Testamento, era condenada porque "contradiz e destrói a comunidade baseada na fidelidade que o

---
[91] *Ibidem*, n. 2473.

homem deve a Javé e aos seus irmãos".[92] Contradiz a Aliança que une o povo de Deus e o relacionamento recíproco.[93]

No Novo Testamento, *Jesus Cristo é a Testemunha Fiel* (Ap 1,5) "que revelou e realizou o projeto do Pai até o fim, dando a vida por amor aos homens".[94] "Aquele que acredita, participa de sua verdade salvífica e de sua missão de prestar testemunho fiel; *o mentiroso não pode participar desta Aliança*".[95]

Somos discípulos de Cristo, por isso nos comprometemos a *rejeitar o homem velho* – que se guia por concupiscências enganosas – e a *nos revestirmos do homem novo*, criado por Deus na justiça e santidade da verdade. "Falai a verdade, cada um ao seu próximo" (Ef 4,22-25).

2. O falso testemunho

Falso testemunho é uma afirmação pública contrária à verdade. Num tribunal, *quando se está sob juramento, o falso juramento torna-se perjúrio*. Contribui "ou para inocentar um culpado, ou para aumentar a sanção em que incorre o acusado"[96] e compromete gravemente o exercício da justiça.

3. A motivação pela qual se diz uma mentira

Pode haver também qualificação diferente conforme a motivação pela qual se diz uma mentira. É *mentira perniciosa* quando

---

[92] KLAPFENSTEIN, M. A. *Die Luge im Alten Testament*, em B. HÄRING. "Livres e Fiéis em Cristo", vol. II, p. 45, Ed. Paulinas, tradução, 1979.

[93] *Idem, ibidem.*

[94] Ap 1,5-8 em "Bíblia Sagrada", Ed. Pastoral.

[95] B. Häring. *Op. cit.,* p. 46.

[96] *Catecismo da Igreja Católica*, n. 2476.

alguém mente sabendo e querendo prejudicar uma pessoa. Sem dúvida é pecaminosa essa mentira. Pode-se admitir, com as devidas precauções, *a mentira jocosa como divertimento*. Contudo, o todo do que se fala precisa conter um elemento que faça perceber a verdade e não permanecer no erro. Além disso, jamais se pode, com isso, faltar à caridade. Conta-se do grande teólogo Santo Tomás de Aquino o seguinte episódio: ele estava mergulhado nas suas pesquisas teológicas, quando um outro religioso o chama e o convida a olhar o espaço celeste e ver aí um boi voando. Tomás atende fraternalmente o convite e vai olhar o céu. O colega que o interrompera, rindo, diz: "Então acreditou e quis ver o boi voando?!" Tomás de Aquino retrucou: *"Eu acho mais fácil um boi voar do que um religioso mentir!"*

4. *O segredo*

Existem situações em que a verdade não pode ser dita. Assim *o sigilo do sacramento da reconciliação é sempre inviolável*. O segredo profissional deve ser guardado pelos médicos, advogados que assumem a *defesa de uma causa*. E atendamos também: "Ainda que não tenham sido confiadas sob sigilo, *as informações privadas prejudiciais a outros não podem ser divulgadas sem uma razão grave proporcionada*".[97]

5. *Algumas particularidades*

1. *A Restrição mental* – consiste em dizer alguma coisa usando uma expressão ou palavra ambígua, que é entendida por quem a pronuncia e, em outro sentido, por quem a ouve. Isso

---
[97] *Catecismo da Igreja Católica*, n. 2490-2491.

ocorre, por exemplo, quando se pergunta se uma pessoa está em casa. E quem recebe a pergunta, sabendo que o procurado está demasiadamente cansado, responde: "Não está", *subentendendo* "para atender". Parece haver motivo para não dizer toda verdade. Os especialistas em teologia moral afirmam que essa reposta *não seria objetivamente mentira, mas um fasilóquio*, numa situação em que aquele que interroga não teria direito à verdade. No entanto, não é recomendável o uso de tal restrição.

2. *Juízo temerário* – consiste em fazer e admitir um julgamento de uma pessoa sem sólido julgamento para isso, tirando já consequências práticas em relação a essa pessoa. Pode-se, em determinada situação, levantar uma suspeita. Todavia, para chegar a um juízo, seria necessário ter antes um fundamento sólido.

3. *Maledicência* – está em falar mal do próximo. É *difamação* quando se dizem coisas que prejudicam a normal estima que todos merecem na convivência. É *calúnia* quando, por palavras contrárias à verdade, se prejudica a reputação dos outros e se dá ocasião a falsos juízos a respeito deles.[98]

Conclusão

A esta breve reflexão sobre o oitavo mandamento acrescento a seguinte conclusão: *As faltas contra a honra do próximo exigem reparação*. Esta se faz pedindo perdão à pessoa ofendida, em particular ou em público, conforme tenha sido a ofensa.

Em qualquer comunidade ou organização, os que exercem autoridade têm a particular obrigação, segundo a caridade e a justiça, de evitar a detração, de proteger os que lhes estão confiados da difamação por parte dos outros e, por

---
[98] *Catecismo da Igreja Católica*, n. 2477.

conseguinte, devem insistir na reparação que precisa ser feita. Do contrário, participam, de certo modo, do pecado contra a honra tão necessária à comunidade e aos seus membros.[99]

Jesus afirmou: "A *verdade* (que é Jesus) vos libertará" (João 8,32).

---
[99] Cf. Häring, B. *Op. cit.*, p. 97-98.

13
O nono mandamento
"Não desejar a mulher do próximo"

Conforme nossa tradição catequética, o nono mandamento assim se expressa: "Não desejar a mulher do próximo". Na Bíblia, porém, lemos: "Não cobiçarás a casa de teu próximo, não desejarás sua mulher, nem seu servo, nem sua serva, nem seu boi, nem seu jumento, nem coisa nenhuma que pertença a teu próximo" (Êx 20,17). Aqui consideramos apenas o que Deus nos prescreve quanto à mulher do próximo, e em outro artigo o que Deus ordena relativamente à propriedade de outrem. O Catecismo da Igreja Católica afirma: "O nono mandamento proíbe a concupiscência carnal; o décimo proíbe a concupiscência dos bens alheios" (n. 2514).

No homem, corpo e alma formam uma unidade, um único ser, a mesma pessoa. Existem, porém, no ser humano, tendências que acompanham a própria estrutura do homem e podem encontrar-se em conflito: *carne e espírito*. O *homem carnal* se entende enquanto fechado em si mesmo, sem abertura para Deus Criador e Redentor e para os outros homens. O *homem espiritual* compreende o ser humano aberto para Deus, capaz de entender o desígnio salvífico de Deus em Cristo. Por isso, pela graça divina, *pode ter domínio* sobre as tendências que o levariam a não assumir o sentido que Deus foi mostrando ao homem pela Revelação Divina e os impulsos internos do Espírito Santo. São

Paulo diz: "O instinto (a carne) tem desejos contrários aos do Espírito, e o Espírito tem desejos contrários aos do instinto; e tão opostos que não fazeis o que quereis (...). *As ações do instinto são manifestas: fornicação, indecências, devassidão,* idolatria, feitiçaria, inimizades, rixas, inveja, cólera, ambição, discórdias, facções, ciúmes, bebedeiras, comilanças e coisas semelhantes. Eu vos previno como já vos preveni, que *quem pratica isso não herdará o reino de Deus*" (Gl 5,17-21).

"Não cobiçarás a mulher do próximo" é um preceito que defende a família constituída.

Preceituar o amor a Deus (Dt 6,4) e aos semelhantes é exigir um tipo de relacionamento entre indivíduos e entre grupos que implica "legislação" sobre os pensamentos, sentimentos e atitudes da pessoa, embora a prova da fidelidade ao preceito seja dada em *fatos perceptíveis* que exteriorizam o pensamento, o sentimento ou a atitude.[100]

"Não cobiçarás a mulher do teu próximo" (Êx 20,17). Trata-se de cobiçar em sentido ativo, movendo à ação, pondo os meios.[101] Jesus afirmou: "Quem olha uma mulher desejando-a, já cometeu adultério em seu coração" (Mt 5,28). Por isso a mulher não pode tornar-se provocante. Para a mulher casada o pudor pode ser definido como "a consciência vigilante que defende a fidelidade e o amor conjugal".[102]

Mediante o pudor que manifesta em seus atos e em sua própria pessoa, o *eu* convida o *tu* a não encará-lo exclusivamente em sua própria corporeidade, estimula-o a *vislumbrar por trás do véu que impede a revelação plena da pessoa, o mistério do ser.* Oferecer-se aos olhares alheios como simples cor-

---

[100] HARRELSON, Walter. *Os Dez Mandamentos*, Ed. Paulinas, 1987, p. 188.

[101] Cf. nota a Êx 20,17, em "Bíblia do Peregrino", comentada pelo biblista Luís Alonso Schökel, tradução e edição da editora Paulus, 2002.

[102] HÄRING, B. *Dicionário de Teologia Moral*, Ed. Paulus, 1997.

poreidade e, portanto, impudicamente significa renunciar a ser pessoa e a fazer-se aceitar exclusivamente como objeto.[103]

"O pudor atinge o homem consigo mesmo, com os outros e com o mundo."[104] *Em relação à sexualidade, a primazia cabe ao amor.* O que é pessoal, neste contexto, não se realiza no anonimato, mas plenamente, no plano de uma vida de relação interpessoal mais rica, aberta à transmissão da vida pessoal. No amor, o ser não se reduz à corporeidade, mas na relação entre as pessoas. Onde há amor o pudor se aperfeiçoa e amadurece.

Tomás de Aquino, ao tratar da temperança,[105] coloca a vergonha e a honestidade como condições para a virtude da temperança. Atualmente, prefere-se falar de pudor a falar de vergonha. Pois o pudor insiste mais no direito à intimidade pessoal. É uma proteção do eu pessoal contra a esfera social. "Quando uma pessoa não tem ou perdeu o pudor sexual, vive o seu amor e a sua sexualidade à intempérie; priva a sexualidade das qualidades que deve ter como ato humano."[106]

Concluindo, lembramos:

> O nono mandamento adverte contra a cobiça ou concupiscência carnal. A luta contra a cobiça carnal passa pela purificação do coração e a prática da temperança. A pureza de coração nos permitirá ver a Deus e nos permite desde já ver todas as coisas segundo Deus. A purificação do coração exige a oração, a prática da castidade, a pureza da intenção e do olhar. A pureza do coração exige o pudor que é paciência, modéstia e discrição. O pudor preserva a intimidade da pessoa.[107]

---

[103] Campanini, G., verbete "Pudor", em *Dicionário de Teologia Moral*, o. c.

[104] *Idem, ibidem.*

[105] II – II, q.q. 144–145.

[106] Vidal, Marciano. *Dicionário de Moral*, verbete "Pudor sexual", Aparecida-SP: Editora Santuário, p. 537.

[107] *Catecismo da Igreja Católica*, n. 2529-2533.

14
O décimo mandamento "Não cobiçar as coisas alheias"

"Não cobiçarás coisa alguma que pertença ao teu próximo" *(Êx 20,17)*.

– A partir do que nos ensina o Catecismo da Igreja Católica, examinaremos as exigências desse mandamento.
– Mais algumas considerações à luz do Evangelho.
– Repercussão do décimo mandamento na espiritualidade cristã.

A nossa conclusão vai consistir em propor três observações de Walter Harrelson na sua obra "Os Dez Mandamentos e os Direitos Humanos".[108]

"O décimo mandamento proíbe a avidez e o desejo de uma apropriação desmedida dos bens terrenos; proíbe a cupidez desmedida nascida da paixão imoderada das riquezas e de seu poder."[109] "Exige banir a inveja do coração humano... A inveja pode levar às piores ações. É pela inveja do demônio que a morte entrou no mundo."[110]

---
[108] São Paulo: Ed. Paulinas, 1987.
[109] *Catecismo da Igreja Católica*, n. 2536.
[110] *Ibidem*, n. 2538.

Não contraria esse mandamento desejar ter bens que outros possuem, mas *por meios justos*: pela negociação com o devido pagamento, pela troca feita na liberdade e justiça. Este mandamento não é a justificação da riqueza de poderosos deste mundo que se apoderam pela força dos bens alheios. Assim,

> no tempo colonial brasileiro, o poder português expulsou os donos nativos da terra para criar as grandes capitanias. Os bandeirantes (...) continuaram a mesma política, matando e escravizando os índios. Os índios nunca mataram ou fizeram guerra por causa de terras até começarem a se defender contra os brancos. *Para o índio a terra é de todos. Ninguém é dono dela. Ela é como a mãe de todos.* Esta fase de colonização foi substituída, nos últimos séculos, pelas conquistas econômicas e políticas das potências capitalistas.[111]

Também o biblista Airton José da Silva observa:

> O último mandamento proíbe *a cobiça dos bens do próximo*. O verbo usado aqui, *hamad*, não indica um mero desejo que não se concretiza, mas a maquinação para realizar um plano. Além disso, cobiçar é a ação daqueles que possuem recursos para tomar o alheio publicamente.[112]

Jesus já advertiu: "O homem bom, do tesouro do coração tira o que é bom, mas o mau, de seu mal tira o que é mau, porque a boca fala daquilo que o coração está cheio" (Lc 6,45). E deixou-nos

---

[111] CHADY, Thomas C. *Os Dez Mandamentos, Os Alicerces da Nova Sociedade.* Petrópolis: Vozes, 1968, p. 64.

[112] Em "Dez Mandamentos: Várias Leituras", Estudos Bíblicos 9. Petrópolis, 1986, p. 46.

o novo mandamento: "Que vos ameis uns aos outros. Como eu vos amei, amai-vos uns aos outros. Nisto conhecerão todos os que sois meus discípulos se tiverdes amor uns aos outros" (Jo 13,4s.). Cristãos fiéis a Cristo, havemos de ter presente o pensamento social da Igreja sobre a propriedade privada: defender sempre a função social da propriedade, reconhecer o direito à propriedade privada que cultive a função social na partilha com os necessitados, no apoio aos meios legítimos de concretizar os direitos dos que permanecem entre os excluídos da sociedade. Porém não é dando lugar à inveja ou comportando-se como "pobres com coração de ricos", pela exploração de outros pobres, que se alcança uma melhor distribuição dos bens na sociedade. Mas é com a abertura para Deus e para o próximo que todos podemos transformar os nossos relacionamentos interpessoais, participar de atividades em favor dos mais necessitados da comunidade e contribuir para a mudança das próprias estruturas da sociedade.

Repercussão do décimo mandamento na espiritualidade cristã

– *Sempre "banir a inveja do coração humano"*.[113] Cultivar a caridade, alegrando-nos com os bens que os outros possuem, embora sem deixar de buscar que se realize, na sociedade, a partilha. Já em nossas comunidades paroquiais, pode-se organizar a partilha em favor dos mais carentes e difundir a consciência dos *direitos dos pobres,* entre os quais sempre se devem *ressaltar os direitos fundamentais da pessoa humana.*

– Estar sempre aberto aos desejos do Espírito. Os fiéis em Cristo "crucificaram a carne com suas paixões e concupiscências" (Gl 5,24) e "seguem os desejos do Espírito" (Rm 8,27). Por isso

---
[113] *Catecismo da Igreja Católica,* n. 2538.

não se deixarão levar pela busca das riquezas, não alimentarão o desejo de tais bens a ponto de cobiçar a propriedade dos grandes deste mundo. Ao contrário.

– Seguirão o exemplo de *Cristo pobre* que despertou Francisco de Assis para a renúncia total, o que ficou conhecido como "il poverello di Dio", isto é, como "o pobrezinho de Deus". No Sermão da Montanha Jesus disse "bem-aventurados os pobres em espírito", isto é, aqueles que sob a luz do Espírito Santo e na sua força não se apegam aos bens e ao poder neste mundo.

– "Quero ver Deus": este anseio "liberta o homem do apego imoderado dos bens deste mundo".[114] E, na linguagem bíblica, "ver é possuir".

– Ressuscitados com Cristo, vivamos com ele a vida nova, a vida da graça (Rm 6,3-11; Cl 3,1-4).

Três observações de Walter Harrelson sobre o décimo mandamento:

– "Para aprender ou reaprender como gozar alguns bens da terra, é necessário examinar nossos desejos. Testá-los, descobrir quais deles provêm da inveja ou do desejo e quais representam aspiração pelas quais estamos dispostos a batalhar, a fazer sacrifícios, à busca de benefícios para nós e nossos amigos".

– "Não seria maravilhoso podermos pôr à prova nossos apetites e desejos, para vermos quais deles representam a ânsia de termos mais do que precisamos ou do que podemos usar?"

– "Se fôssemos capazes de nos ajudar uns aos outros a moderar e a focalizar corretamente nossos desejos de tudo... então poderíamos começar a empreender a caminhada no seguimento da Aliança de Deus."[115]

---

[114] *Ibidem*, n. 2548.

[115] Cf. *Dez Mandamentos. Op. cit.*, p. 186-194.

Conclusão

Meditando os Dez Mandamentos

Depois de refletir sobre os Mandamentos de Deus, lembramos aqui a oportuna afirmação do Catecismo da Igreja Católica, n. 1973: "*A distinção tradicional entre os mandamentos de Deus e os conselhos evangélicos estabelece-se em relação à caridade*. Os preceitos são destinados a afastar o que é incompatível com a caridade. *Os conselhos têm por finalidade afastar aquilo que, mesmo sem lhe ser contrário, pode constituir um empecilho ao desenvolvimento da caridade*". São chamados *conselhos evangélicos a obediência voluntária a Deus* no intuito de, em tudo, fazer a vontade do Pai celeste e *a castidade assumida desejando realizá-la plenamente* dentro do próprio estado de vida. Também *a pobreza voluntária* como seguimento de Cristo é conselho evangélico, se essa pobreza evangélica se caracteriza como partilha e como opção preferencial pelos pobres. Jesus Cristo foi modelo de obediência à vontade do Pai. Em sua oração no Horto das Oliveiras, ele falou: "Pai, se queres, afasta de mim este cálice. Mas não se faça a minha vontade, mas a tua" (Lc 22,42). Já nos ensinara a orar: "Pai nosso, que estais no céu, santificado seja o vosso nome, venha a nós o vosso reino, seja feita a vossa vontade, assim na terra como no céu" (Mt 6,9-10).

Maria Santíssima em tudo obedecia à vontade de Deus. Nós nos propomos a obedecer aos mandamentos como obediência a Deus e a estarmos abertos aos conselhos evangélicos dentro de nosso estado de vida. Concluímos estas reflexões sobre o Decálogo com esta bela oração escrita por Charles de Condren (1588-1641), da Congregação do Oratório, que há muitos anos rezo diariamente:

"Ó Jesus que viveis em Maria,
vinde e vivei em vossos servos,
no espírito de vossa santidade,
na plenitude de vossa força,
na perfeição de vossos caminhos,
na verdade de vossas virtudes,
na comunhão de vossos mistérios;
dominai sobre toda potestade inimiga,
em vosso Espírito para a glória do Pai.
Amém!"

Apêndice

Pecados contra o Primeiro Mandamento

O Primeiro Mandamento nos apresenta a responsabilidade de admitirmos um só Deus, que havemos de adorar e amar sobre todas as coisas e servi-lo. Consequentemente, inclui algumas proibições que o Catecismo da Igreja Católica expressa nos seguintes itens: não aceitar a superstição nem a idolatria, a adivinhação ou a magia, a irreligião, o ateísmo, o agnosticismo.[116] Refletindo sobre esses itens, deixamos para a conclusão o que se refere à irreligião.

1. Superstição

Alguns exemplos de superstição. No Brasil é célebre a *lavagem das escadarias da Basílica do Senhor do Bonfim*, em Salvador, BA. As festas da Novena do Senhor do Bonfim se iniciam no segundo domingo depois do dia de Reis (Epifania). Faz-se uma novena, sendo que na quinta-feira anterior ao início da novena,

---
[116] Cf. *Catecismo da Igreja Católica*, n. 2111-2128.

como preparação para a festa, realiza-se a lavagem das escadarias externas da Igreja situada no topo de uma colina. A água usada para isso deve ser tirada do "Poço de Oxalá". "Orixalá ou Oxalá" é cultuado pelos africanos no alto de colinas, na África. No Brasil, facilmente o culto ao Senhor do Bonfim foi relacionado, na consciência dos escravos, ao prestado a Oxalá. Por isso, a lavagem das escadarias da Basílica *pode ser considerada pela Igreja Católica* como algo supersticioso, embora tal tradição tenha nascido da promessa de um soldado português que lutou na guerra do Paraguai. Ele prometera ao Senhor do Bonfim que, voltando vivo, lavaria sua igreja. Tornou-se uma maneira de agir supersticiosa quando, depois, foi assumida pelas mães de santo do Candomblé. Porém a devoção ao Senhor do Bonfim tem pleno valor para os católicos.[117]

Diversas orações são conhecidas popularmente como "rezas bravas". "Estas rezas obrigam o santo a fazer coisas como a gente quer. Há pessoas que apertam o santo debaixo do pilão ou jogam numa água funda. Há os que roubam o menino de Santo Antônio. Não se pode fazer isso". Informante Marciana Gomes da Cruz; 12/2/1978, Araçuaí, MG.[118]

A superstição é o desvio do sentimento religioso e das práticas que ele impõe. Pode afetar também o culto que prestamos ao verdadeiro Deus; por exemplo: quando atribuímos uma importância de alguma maneira mágica a certas práticas, em si mesmas legítimas ou necessárias. Atribuir eficácia exclusivamente à materialidade das orações ou dos sinais sacramentais, sem levar em conta as disposições interiores que exigem, é cair em superstição.[119]

---

[117] Quanto à lavagem das escadarias, ver "Enciclopédia Britânica do Brasil, Publicações Ltda" – Barsa, vol. 3, p. 42.
[118] Cf. "Estudos da CNBB", n. 17, São Paulo: Ed. Paulinas, 1981, p. 82.
[119] *Catecismo da Igreja Católica*, n. 2111.

"Resulta de velhos cultos desaparecidos ou de deturpações psicológicas condicionadas à mentalidade popular e à sua capacidade de nutrir preconceitos e presságios infundados, tirados de circunstâncias fortuitas. Sua presença está em toda a história do mundo." Diz-se que "um comportamento é supersticioso quando se baseia em preconceitos e crendices que já foram rejeitadas pela população instruída de determinada região. Para a autoridade eclesiástica constitui superstição a opinião que se funda em crendices ou preconceitos, afastados de religião oficial.[120]

Também é supersticioso considerar o mês de agosto como portador de azar, assim como o número 13 ou o gato preto. É superstição acreditar na sorte trazida pelo Trevo de quatro folhas ou por uma ferradura afixada junto à porta.

2. IDOLATRIA

"A idolatria não diz respeito somente aos falsos cultos do paganismo. Ela é uma tentação constante da fé."[121]

O primeiro mandamento exige que não se venerem outras divindades afora a única. A escritura lembra constantemente esta rejeição de "ídolos, ouro e prata, obras das mãos dos homens", os quais "têm boca e não falam, têm olhos e não veem" (Sl 115,12-13). O Deus verdadeiro é o Deus vivo. "Existe idolatria quando o homem presta honra e veneração a uma criatura em lugar de Deus":[122] ao dinheiro, ao prestígio, ao poder (Mt 4,1-11).[123] Havemos de estar atentos a quais ídolos mantemos sem tomar bastante consciência disso. Num

---

[120] *Dicionário Enciclopédico das Religiões*, vol. II, obra de Hugo Schlesinger e Humberto Porto, Petrópolis, 1995, verbete "Superstição".

[121] *Catecismo da Igreja Católica*, n. 2113.

[122] *Ibidem*, ibidem.

[123] Cf. STORNIOLO, Ivo. *As tentações de Jesus*, Ed. Paulinas, São Paulo, 1988.

curso para religiosos, ao se tratar deste assunto, foi sugerido que cada um escrevesse os ídolos que mantinha na sua vida. E foi assustador o resultado. Cada qual teve coragem de tomar consciência e revelar em público os inúmeros ídolos que cultivava no próprio coração.

Às vezes também se dá o nome de "pecados de estimação" aos ídolos que superestimamos em nosso coração. E atendamos ainda à "autolatria", quando o centro de nossos interesses somos nós mesmos. Pode-se chamar a isso "egolatria". No mundo de hoje a grande tentação está no fechamento sobre si mesmo ou sobre seu grupo. Consequentemente surge a busca de acumulação de bens, enquanto o Evangelho nos convida à partilha.

3. Adivinhação e magia

"Deus pode revelar o futuro a seus profetas ou a outros santos. Todavia, a atitude cristã correta consiste em entregar-se, com confiança, nas mãos da providência, no que tange ao futuro e em abandonar toda curiosidade doentia a este respeito. A imprevidência pode ser uma falta de responsabilidade."[124]

A nossa vida está nas mãos de Deus: Ele é o Senhor, Ele é o Deus da vida, Ele é o Deus providente que acompanha paternalmente a existência de cada ser humano. Deus não aceita que se recorra a nenhum meio que alguns utilizam, erroneamente, para conhecer o futuro: dirigir-se a satanás, consultar horóscopos, recorrer à astrologia, a quiromantes, à interpretação de presságios. A magia ou feitiçaria se opõem ao primeiro mandamento, à soberania absoluta de Deus, ao tentar colocar poderes sobrenaturais, como que domesticados, a nosso serviço, sem que se aceite Deus atendendo às nossas preces. Os *amuletos*, aos quais se atribui o poder de afastar malefícios, também contradizem o primeiro mandamento.

---

[124] *Catecismo da Igreja Católica*, n. 2115.

Muita atenção ao frequente uso de "figas": Elas participam do caráter de amuletos. O *espiritismo* se opõe ao primeiro mandamento enquanto assume a função de prever o futuro.

4. Ateísmo

"O termo ateísmo abrange fenômenos muito diversos. Uma forma muito frequente é o ateísmo prático." "O humanismo ateu considera falsamente que o homem é 'o seu próprio fim e o único artífice e demiurgo de sua própria história'."[125] É um pecado contra a virtude da religião. Uma das causas do ateísmo é a falta de autêntico testemunho dos que se apresentam como tendo fé. Também uma falsa concepção da autonomia humana é responsável pelo ateísmo.[126]

5. Agnosticismo

É uma doutrina que nega a possibilidade ao homem de conhecer, com evidência satisfatória, qualquer realidade transcendente. Nega que possa existir conhecimento certo e seguro além do que vem pela ciência experimental. Por isso, a existência e a natureza das realidades espirituais e, principalmente, de Deus não poderiam ser conhecidas pela razão humana. O *agnóstico* não se pronuncia sobre a existência de Deus. Poderá estar incluída nele uma busca de Deus, mas frequentemente sua atitude representa o indiferentismo e equivale ao ateísmo prático.[127]

---

[125] *Gaudium et Spes*, n. 20,1; *Catecismo da Igreja Católica*, n. 2124.

[126] Cf. ainda Concílio Vaticano II: Declaração sobre *A Liberdade Religiosa*.

[127] Cf. *Catecismo da Igreja Católica*, n. 2127-2128.

Conclusão

A *simonia* consiste na tentativa de comprar ou vender algo espiritual. É o que pretendeu fazer Simão, o mago, quando procurou comprar dos apóstolos o poder de comunicar o Espírito Santo pela imposição das mãos. Pedro respondeu: "Que pereças com o teu dinheiro, pois pensaste que podias comprar com dinheiro o que é Dom de Deus" (At 8,20). A oferta de uma quantia de dinheiro por ocasião de um ato religioso nada tem de simonia. É um modo de colaborar na manutenção do culto sagrado e dos ministros da Igreja e jamais tem o caráter de compra. Chama-se espórtula. O *sacrilégio* é uma grave profanação dos sacramentos ou de coisas sagradas, inclusive o desrespeito sério às pessoas consagradas a Deus ou aos lugares santos. É gravíssimo quando atinge a eucaristia. O *tentar a Deus* – como que exigindo que ele ponha em ação o seu poder e a sua bondade – também ofende gravemente a Deus, contrariando a confiança na providência divina e no seu amor por nós. Tudo isso está contido no item *irreligião*. Ofende ao primeiro mandamento pelo modo de tratar o que se refere a Deus.

Bibliografia

Bíblia Sagrada, Edição Pastoral, Edições Paulinas.
Bíblia de Jerusalém, Ed. Paulus.
Bíblia do Peregrino, Ed. Paulus.
BALANCIN, Euclides M. *Decálogo: Educação para a Libertação e a Vida*, Vida Pastoral n. 103.
BETTENCOURT, Dom Estêvão Tavares, em *Católicos Perguntam*, publicações de "O Mensageiro de Santo Antônio", Santo André, SP, "As Imagens Por Quê?" p. 7-9.
Catecismo da Igreja Católica, Ed. Vozes e Edições Loyola.
CHADY, Thomas C. *Os Dez Mandamentos – Os Alicerces da Nova Sociedade*, Petrópolis: Vozes, 1988.
Dicionário de Teologia Moral, Ed. Paulus.
Gaudium et Spes, documento do Concílio Vaticano II.
HÄRING, Bernhard. *Livres e Fiéis em Cristo*, vol. II, São Paulo, tradução do original do alemão de 1979.
HARRELSON, Walter. *Os Dez Mandamentos e os Direitos Humanos*, São Paulo: Ed. Paulinas, 1987.
MESTERS, Frei Carlos. *Os Dez Mandamentos, Ferramenta da Comunidade*, Edições Paulinas, 1986.
STORNIOLO, Ivo. *Da Sobra Nasce a Idolatria*, Vida Pastoral n. 164.

Mandamentos, Ontem e Hoje, Entrevista com Pe. Ivo Storniolo, Vida Pastoral n. 149.

Leitura Orante da Bíblia, Edições Loyola e CRB – 1990.

VIDAL, Marciano. *Dicionário de Moral* – "Dicionário de Ética Teológica". Aparecida-SP: Editora Santuário.

O Autor

Vida e Ministério do Mons. José Maria Fructuoso Braga

Mons. José Maria Fructuoso Braga escreveu esta obra, primeiramente, em forma de artigos publicados pela Revista "Unidade", órgão de comunicação da Diocese de São Carlos.

Ele nasceu em Jaú no dia 11 de julho de 1919. Fez seus primeiros estudos em Bocaina, onde residiu por quatro anos quando criança, voltando depois a residir em Jaú. Experimentando o chamado de Deus para o sacerdócio, ingressou no Seminário São José, em Botucatu. Fez o curso de Filosofia no Seminário Central do Ipiranga, iniciando-o em 1938. Fez também o curso de Teologia no mesmo Seminário. Foi ordenado presbítero em 8 de dezembro de 1946 na Igreja de Santa Ifigênia, então catedral provisória, pelo Eminentíssimo Cardeal Dom Carlos Carmelo de Vasconcelos Mota, arcebispo de São Paulo. Adotou o seguinte lema bíblico para iluminar o seu Ministério Presbiteral: "Ministros de Cristo e dispensadores dos mistérios de Deus" (1Cor 4,1).

Escolhido pela direção do Seminário Central, com a aprovação da Comissão Episcopal responsável por esse Seminário, lá lecionou Filosofia durante quatro anos. Em 1951 foi convocado para ser o Reitor do Seminário Menor Diocesano de São Carlos, onde também foi professor de língua portuguesa. Em 1955 foi nomeado Diretor Espiritual desse Seminário, continuando como professor até o fim do ano de 1965. Foi constituído, pelo Bispo Diocesano Dom Ruy Serra, Vigário-Geral para assuntos pastorais (*hoje chamado de Coordenador Diocesano de Pastoral*) e visitou as Regiões Pastorais da Diocese animando os colegas sacerdotes a conhecer e pôr em prática as orientações do Vaticano II.

Sob o sopro de renovação que vinha do "Movimento por um Mundo Melhor" e do Concílio Ecumênico Vaticano II, muito influiu para que o Seminário vivesse um clima de renovação: Formadores e seminaristas conviveram na fraternidade e na corresponsabilidade, assumindo em grande parte atividades em equipe e com revisão de vida.

De acordo com o bispo diocesano, passou a despertar entre os colegas padres e as religiosas da Diocese e os cristãos leigos o estudo orientado dos Documentos Conciliares, para pô-los em prática organicamente. Surgiram as reuniões de Padres em ordem à Pastoral e Espiritualidade por grupos de Paróquia que ainda hoje continuam como Regiões Pastorais. Nomeado Vigário-Geral de Coordenação Pastoral, percorria as Paróquias como animador da renovação. Fazia periodicamente encontros dos responsáveis pelos Colégios Católicos para que tivessem em conjunto uma linha mestra de renovação na educação católica. Ainda procurou agir junto às Religiosas da Diocese promovendo reuniões de estudos dos Documentos Conciliares e de Espiritualidade. Durante quatro anos atuou na Comunidade de Nossa Senhora do Carmo, em São Carlos, hoje Paróquia.

Em 1966, foi para Ibitinga como Vigário Cooperador da Paróquia do Senhor Bom Jesus. No ano seguinte se tornou Pároco da Paróquia de São João Batista, em Dourado.

Convidado pela direção do Seminário Central do Ipiranga e pelo então Cardeal Arcebispo de São Paulo, Dom Agnelo Rossi, em fins de 1967, passou a ocupar o cargo de Diretor Espiritual dos alunos de Teologia naquele Seminário. Em 1968 também assumiu aulas de Teologia Moral na Faculdade de Teologia de Nossa Senhora da Assunção e no Instituto Teológico Pio XI, dos Salesianos.

Sentindo necessidade de aprofundar seus conhecimentos, foi para Roma, onde, permanecendo de outubro de 1969 a março de 1971, fez os créditos requeridos para o doutoramento em Teologia Moral, na Academia Alfonsiana, da Pontifícia Universidade Lateranense. Voltando para o Brasil, reassumiu suas atividades no Seminário Central do Ipiranga, na Faculdade de Teologia Nossa Senhora da Assunção e no Instituto Teológico Pio XI. Ficou responsável pela vida comunitária dos Seminaristas de Teologia, aos quais acompanhou cuidadosamente em todos os aspectos de formação.

Em 1974 deixou de residir no Seminário Central, continuando como professor em ambas as escolas de teologia acima referidas. Ao mesmo tempo se tornou Vigário Ecônomo da Paróquia de Santo Antônio, da Vila Carioca, região do Ipiranga. Ainda se tornou Capelão das Irmãs do Bom Pastor, residindo vários anos no Noviciado dessa Congregação e colaborando na formação.

Quando em 1978 se iniciou o curso de Teologia na Pontifícia Universidade Católica de Campinas, foi também lecionar Teologia Moral no Instituto Teológico Paulo VI, atualmente Instituto de Teologia e Ciências Religiosas – PUCCAMP, que era formado pelos seminaristas da Província Eclesiástica de Campinas (hoje sub-regional de Campinas). No ano de 1981, cada Diocese da Província organizou sua Casa de Formação dos Seminaristas de Teologia.

Mons. José Maria ficou exercendo a função de Diretor Espiritual da Casa de Formação de São Carlos – dos Seminaristas da Diocese de São Carlos –; do Seminário da Imaculada Conceição – Seminaristas da Arquidiocese de Campinas –; e da Casa de Formação da Diocese de Assis, que se abrira em Campinas.

Continuou com aulas de Teologia Moral na Faculdade de Nossa Senhora da Assunção, em São Paulo, com a responsabilidade da Paróquia de Santo Antônio de Vila Carioca e como Orientador das Irmãs do Bom Pastor, em São Paulo. Também acompanhava uma Equipe das Irmãs do Bom Pastor que exercia suas atividades apostólicas junto à mulher marginalizada no Jardim Itatinga, em Campinas.

Por razões de saúde, em 1983, Mons. José Maria se viu obrigado a reduzir suas atividades: deixou todo o trabalho em São Paulo e, em Campinas, ficou apenas com a Direção Espiritual da Casa de Formação Teológica de São Carlos, com as aulas de Teologia Moral da PUCCAMP e a ajuda a uma Paróquia de periferia, nos finais de semana.

No final de 1984, apresentou ao Bispo de São Carlos, Dom Constantino Amstalden, o desejo de residir com outro Padre numa Paróquia da Diocese de São Carlos, pois assim esperava levar uma vida mais tranquila, de acordo com o seu estado de saúde já debilitado e a idade que avançava. Assim, veio residir na Paróquia de Santo Antônio de Pádua, em Itirapina, no início de 1985, com a função de Vigário Paroquial junto ao Pe. Dony, constituído Pároco. Continuaria a ir quinzenalmente a Campinas como Diretor Espiritual dos Seminaristas e para ainda lecionar Teologia Moral. Em 1987 deixou completamente as aulas, porém continuou indo a Campinas para dar assistência espiritual aos Seminaristas, sendo que então já se organizara uma Equipe de Diretores Espirituais para a Casa de Formação Teológica de São Carlos, em Campinas.

Em 1990, Mons. José Maria deixou todo encargo em Campinas. Em Itirapina, dedica-se a atender às pessoas que frequentemente o procuram, celebra diariamente a Eucaristia, com muito carinho e entusiasmo assessora a catequese. Por vários anos deu atendimento a várias comunidades rurais e urbanas e manteve por um longo período o Curso Bíblico semanal.

Junto ao Pároco Pe. Dony, procurou ser o "irmão mais velho", numa convivência fraterna, com ele colaborando nas atividades pastorais. Por meio de uma vida de oração, alimentou sua vida sacerdotal, assim como se conservou em união com toda a Igreja.

Publicou vários trabalhos, sobretudo na área de Teologia Moral, na série "Teologia em Diálogo" da Faculdade de Teologia Nossa Senhora da Assunção e na revista "Vida Pastoral". Escreveu artigos de ordem religiosa, para jornais e revistas. Orientou muitos Retiros Espirituais a padres, religiosos, religiosas e seminaristas por esse Brasil afora. Também deu muitos cursos intensivos de Teologia Moral a padres e agentes de pastorais em várias Dioceses.

Aos 89 anos de idade, tendo completado 63 anos de sacerdócio, conservava o que desde o início consagrara: "Viver para a glória do Coração Eucarístico de Jesus e do Imaculado Coração de Maria". Mons. José Maria lança essa obra intitulada "Meditando os Dez Mandamentos", dando graças a Deus, Pai cheio de Misericórdia, e ao Povo de Deus, ao qual sempre procurou estar ligado fraternalmente pelo dom de sua vida, conservada pelo Senhor da Vida, e pelo seu Ministério Presbiteral, também Dom de Deus a serviço do Reino.

Índice

Apresentação 5
Prólogo 8
Introdução 9

PRIMEIRA PARTE:
Os Dez Mandamentos nas Sagradas Escrituras 13

1. Os Dez Mandamentos 15
   O Decálogo e a libertação 15
   O Decálogo e a vida 16
   O Decálogo e a aliança 17
   Conclusão 17

2. Os Dez Mandamentos nos sinóticos 19
   No Evangelho de Mateus (22,36-40) 19
   No Evangelho de Marcos (12,28-34) 22
   No Evangelho de Lucas (10,22-37) 23
   Quem é o próximo? 23
   Conclusão 24

3. Os Mandamentos nas Cartas Paulinas
e na Carta de São Tiago 26
   Os Mandamentos na Carta de São Paulo
   aos Romanos (Capítulo 13) 27

  Na Primeira Carta aos Coríntios 29
  Os códigos familiares 33
  O matrimônio na Carta aos Hebreus 34
  Conclusão 34

4. Os Mandamentos nos escritos de São João 36
  O amor de Deus pelos homens 36
  O novo mandamento 38
  A unidade que Jesus pede ao Pai (Jo 17) 39
  Conclusão 40

SEGUNDA PARTE:
Os Dez Mandamentos 41

5. O primeiro mandamento
"Amar a Deus sobre todas as coisas" 43
  O significado fundamental do primeiro mandamento 43
  "Não farás imagem esculpida..." 44
  O homem foi criado à imagem de Deus 46
  Conclusão 47

6. O segundo mandamento
"Não tomar seu santo nome em vão" 48
  O segundo mandamento a partir de Êxodo 20,7
  e Deuteronômio 5,11: Qual o seu significado? 48
  Promessas, blasfêmia, pragas 50
  Juramento e perjúrio 51
  Conclusão 52

7. O terceiro mandamento
"Guardar domingos e festas de guarda" 53
  A santificação do sábado no Antigo Testamento 53
  A passagem do sábado para o domingo 54
  A santificação do domingo 55
  Conclusão 56

8. O quarto mandamento
"Honrar pai e mãe" 57
Leitura orante de alguns textos bíblicos: 57
Alguns textos do Antigo Testamento
que abordam o quarto mandamento 58
Textos dos Evangelhos referentes à vida familiar 60
Textos das Cartas Paulinas 61
Conclusão 63

9. O quinto mandamento
"Não matarás" 65
Pecados contra o quinto mandamento 67
O direito à vida 70
O direito de nascer 71
O direito ao respeito à vida humana desde
a sua concepção 72
Conclusão 74

10. O sexto mandamento
"Não pecar contra a castidade" 75
"Não cometerás adultério" (Êx 20,14) 75
A virtude da castidade I 77
A virtude da castidade II 79

11. O sétimo mandamento
"Não roubarás" 84
O direito de propriedade 84
O pensamento social da Igreja 87
Roubo e restituição 90
Conclusão 92

12. O oitavo mandamento
"Não apresentarás falso testemunho" 93
Seja o vosso sim, *sim* 95
Conclusão 98

13. O nono mandamento
"Não desejar a mulher do próximo".................... 100

14. O décimo mandamento
"Não cobiçar as coisas alheias"........................... 103
Repercussão do décimo mandamento
na espiritualidade cristã 105

Conclusão – "Meditando os dez mandamentos" 107

Apêndice.. 109
  Pecados contra o Primeiro Mandamento 109
    1. Superstição 109
    2. Idolatria 111
    3. Adivinhação e magia 112
    4. Ateísmo 113
    5. Agnosticismo 113
  Conclusão 114

Bibliografia... 115

O Autor 117

A marca FSC® é a garantia de que a madeira utilizada na fabricação do papel deste livro provém de florestas que foram gerenciadas de maneira ambientalmente correta, socialmente justa e economicamente viável.

Este livro foi composto com as famílias tipográficas Adobe Garamond, Bauhaus Md BT, Dorchester Script e Times New Roman e impresso em papel Offset 75g/m² pela **Gráfica Santuário.**